Guangdongsheng Shenhua Jinrong Gaige de Zhanlüe Buju Yanjiu

广东省深化金融改革的战略布局研究

厉以宁　梁建国　傅帅雄　黄顺魁　◎著

中国财经出版传媒集团
经济科学出版社
Economic Science Press

前言

党的十八大以来，广东金融系统主动适应新常态，以改革为动力、以发展为主线、以创新为引领，围绕建设金融强省目标，加快区域金融改革，完善地方金融组织体系，加强防范化解金融风险，已经成为广东省经济发展的重要支撑，推动全省经济发展稳中有进、稳中向好、稳中提质。

广东省深入贯彻全国第五次金融工作会议以及习近平总书记考察广东讲话精神，全面落实党的十九大战略部署，以打造国际金融中心、建设金融强省为核心目标，以“强省评价指标体系”为指导框架，抓住粤港澳大湾区协同发展的重要机遇，重点创新发展互联网金融、风投创投等新兴金融产业，将广东打造成为在亚太乃至全球具有较强集聚辐射力，以国内经济发展为依托，国际、国内两个市场并重，与港澳金融互补发展的功能性国际金融中心。

一、建设国际金融中心

改革开放以来，广东省凭借优越的区位优势和政策优势，同时得益于其妥善高效承接世界发达经济体产业梯度转移而带来的制造业水平的快速提升，经济金融总量从开放之初处于全国中下游水平迅速向前跃进。从20世纪90年代初开始，广东的国民生产总值确立了全国首位的地位，经济总量先后在1998年超越新加坡、2003年超越中国香港、2007年超越中国台湾，我国经济总量第一的位置一直保持至今。截至2016年，已有包括汇丰银行、台湾银行以及玉山银行等来自全球19个国家和地区的58家外资金融机构在广东省内设立了263家外资银行营业性机构，广东省已成为全国外资银行最多的省份。2014年12月31日，经国务院正式批准设立中国（广东）自由贸易试验区，简称广东自贸区，其面积涵盖广州南沙新区片区、深圳前海蛇口片区以及珠海横琴片区。自贸区的成立意味着广东拥有一个金融改革创新的全新实验平台，推动广东的金融发展。广东目前已经具备建设成为国际金融中心的前提条件，但在其建设过程中应充分吸收和借鉴大多数国际金融中心建设的经验，遵循全国性金融中心—区域（亚洲）国际金融中心—全球国际金融中心的发展路径，逐步建立起在亚太乃至全球地区具有较强集聚辐射力的功能性国际金融中心。

二、构建广东金融强省指标体系框架

为持续指导并评价广东省建设国际金融中心的进程及成果，指标体系是必不可少的指导框架。指标体系的构建关键在于对国际金融中心的定位和内容分类，也在于对国际金融中心和金融强省发展的预期。根据指标构建的基本原则，科学性——要体现国际金融中心的本质特征和发展规划，系统性——指标体系的覆盖面应全面，客观性——数据来源准确客观、主观评价部分少，可操作性——易量化、数据容易获得、简洁，构建出一整套广东金融强省指标体系框架。具体在指标中分为七大一级指标，其中基础指标四个，分别是金融产业实力、金融机构实力、金融生态环境和城市基础设施。前两个反映国际金融中心的核心功能，后两个是国际金融中心形成发展的要素。除此之外，结合广东省的自身特点，设置三个特色一级指标。广东省在建设国际金融中心和金融强省中强调金融发展要服务于创新、服务于实体经济、服务于对外开放，因此设立三个对应指标，用于考察这三个方面金融中心建设情况。

三、粤港澳大湾区金融改革创新

推动粤港澳金融改革创新发展，强化区域的金融分工与合作，促进三地金融领域优势互补，打造新一轮金融改革开放创新实验平台。推进“一带一路”建设，是一项宏大复杂的系统工程，涵盖了中亚、东南亚、南亚、西亚乃至欧洲、非洲部分区域，涉及亚太经济圈和欧洲经济圈两大经济圈，涉及的经济规模总量达21万亿美元。“一带一路”工程建设进入务实推进阶段以后，需要推动基础设施的互联互通，扩展产业和装备制造业的合作，需要金融改革创新以及创新金融的引导服务。粤港澳大湾区作为“一带一路”的重要支点，汇聚了香港、澳门、广州、深圳、珠海、东莞等明星城市，具备交通基础设施连接、产业聚集、产业互补等优势，是中央政府在新时期统筹粤港澳发展的全新战略规划。要充分发挥粤港澳大湾区开放发展的现实优势，加强跨境人民币业务和外币业务合作，稳定发展

港澳两岸人民币市场，重点支持香港建设离岸人民币定价中心，加快探索人民币国际化新通道，打造我国参与金融竞争的新优势。在金融机构互设、金融市场互通、金融业务往来等方面，进一步推动粤港澳金融深层次合作，不断完善金融机构与市场体系，促进多层次资本市场健康发展，营造更加开放的国际化金融环境。在资本项目可兑换，人民币跨境使用，外汇管理以及综合监管体制改革等方面开展先行先试，为全国新一轮金融改革和开放积累经验，探索路径。

四、打造成为国内互联网金融的先行地区和创新高地

按照“规范与创新并举、监管与发展并重”的原则和“鼓励创新、防范风险、趋利避害、健康发展”的总体要求，秉持包容态度和底线思维，把发展互联网金融作为当前广东省实施创新驱动发展战略的重要抓手，既从严规范、加强监管，又鼓励创新、有效扶持。积极建设广州、深圳互联网金融区域中心和佛山“互联网+”众创金融示范区，推动建设一批互联网金融集聚区域，设立一批互联网金融创新平台，打造2~3家互联网金融全牌照控股集团。形成一批互联网金融特色经营模式，扶持一批大众创业万众创新的优质项目，树立一批规范发展的优秀平台和创新典型，促进互联网金融行业规范健康发展，努力把广东打造成为国内互联网金融的先行地区和创新高地，为广东省推动大众创业、万众创新，促进实体经济发展和产业转型升级提供支撑。

五、打造国际风投创投中心

风投创投作为支撑广东省打造国际金融中心、建设金融强省的重点领域，应在现有基础上，完善风投创投发展支撑体系，逐步建成国际风投创投中心。近期（1~3年）形成完善的风投创投发展支撑体系。强化风投创投中心政策支持，完善相关配套政策，促进产业集群和风投创投中心落地。政府主导种子基金和引导基金，通过母基金与联合投资等方式与境内外优秀创投机构开展合作，引导社会资金投向广州。加速人才扶持与培养工作，形成多层级的人才培养工程，打好智力基础。完成“两大中心、一个平台”的建设，即创投中心、科技创新中心和股权投资平台；提供完善的配套服务。中期（3~5年）基本建成国际风投创投中心。营造国际化的营商环境，联合跨国企业建设孵化平台，打造国际金融的风投创投中心。

基本建成国际风投创投中心，创业投资基金规模达到5000亿元以上，年投资规模达到1000亿元。远期（5~10年）建成成熟的国际风投创投中心。完善风投创投中心的绩效评价制度，总结经验优化发展。形成具有广东特色的、多元化的、多层次的创新投融资支持成熟体系，为金融服务于创新、服务于实体经济、服务于对外开放助力，形成可借鉴、可复制、可推广的成功经验。

继续发挥广东商贸经济发达、产业体系健全、民间资本雄厚、对外交往活跃等比较优势，吸引各类金融要素在广东集聚，加快完善门类齐全、结构合理、服务高效、安全稳健的现代金融服务体系，推进建设与国家经济强省相适应，与国家深化金融改革进程相一致、与广东自贸区相呼应的国际金融中心。

目录

Contents

第一篇　建设国际金融中心

第三篇　粤港澳大湾区金融改革创新

第四篇 建设国际风投创投中心

第一篇

建设国际金融中心

第一章

广东省建设国际金融中心的环境分析

一、国际环境

1. 机遇与挑战并存的金融市场国际化

（1）金融市场国际化的机遇。第二次世界大战后，金融市场的全球化，特别是欧洲货币市场的产生，促进了许多传统的国际金融中心的发展，形成了一些新的国际金融中心。国际金融中心是世界经济发展到一定阶段的产物。随着经济全球化尤其是金融全球化的不断推进，国际金融中心的竞争也在日渐加剧。东亚经济的崛起，导致国际货币资金在东亚区域内急剧增长，东亚国际金融中心发展的土壤正在逐步形成。中国是东亚最大的发展中国家，广东处于中国对外开放的前沿，有天然的区位和政策优势，20 世纪 80 年代以来，广东金融业取得巨大发展，具备了建设国际金融中心的坚实基础。

随着世界一体化的发展，国际金融与国际贸易的联系日益密切。各国在国际贸易中竞争力的消长，也成为国际金融关系变化的基础。广东是中国对外开放最早的省份，致力于发展外向型经济，对外经济贸易日益扩大，与国际金融市场关系日益密切。根据《广东统计年鉴》数据，2015 年广东外贸出口达 6435.62 亿美元，占全国的 28.3%，广东国民生产总值约有 40% 在国际市场上实现价值。2015 年进口额也已达到 3793.90 亿美元，广东经济贸易发展得到国内市场和国际市场的双向认可，已与 150 多个国家和地区建立了经贸关系。

（2）金融市场国际化的风险。金融市场国际化最大的风险在于资本扩张有可能成为系统性风险的根源。金融市场国际化进程加快的一个很重要的表现是银行资产负债规模的快速扩张，尤其是银行的对外负债显著增长。在一些国家，以银行对外负债形式流入的资金绝大多数投资于国内市场，导致银行体系外币净负债上升。特别是当银行的资产负债结构不合理时，大规模资本流入使银行的流动性出现大幅度摆动，银行贷款膨胀和收缩时期交替出现，引起影响全局的风险，甚至导致金融危机的爆发。对于规模狭小、流动性比较低的新兴金融市场来说，与金融市场国际化相伴随的外国资本的大量流入和外国投资者的广泛参与，在增加金融市场深度、提高金融市场效率的同时，将导致金融资产的迅速扩张，增加金融市场的波动性。尤其是在一些机构投资者成为这类国家非居民投资的主体时，国内金融市场的不稳定性表现得更为显著。如果缺乏足够严格的金融监管，这种扩张可能成为系统性风险爆发的根源。由于我国金融市场的发育程度较低，金融体系不成熟，相关的法律体系不够完善，一旦大规模的资本流入突然发生逆转，势必引发金融市场的剧烈震荡，甚至导致金融危机。

2. 国际金融中心正在逐渐东移

随着全球经济结构的调整，国际金融中心的格局实际上也在发生重大变化，同时国际金融中心漂移的轨迹也是全球经济格局的变动轨迹。从国际上公认的最早出现的国际金融中心——意大利佛罗伦萨，到 17 世纪欧洲商业中心从地中海转移至大西洋沿岸，随着荷兰海上霸权地位的确立，阿姆斯特丹成为世界上第一个真正意义上的国际金融中心；19 世纪，随着荷兰海上贸易霸权旁落英国以及第一次工业革命的开始，英国成为“世界工厂”，英镑成为当时在国际贸易和资本输出中最普遍的货币，19 世纪中叶，伦敦取代阿姆斯特丹成为世界上最大的金融中心；到 20 世纪，随着两次世界大战，美国经济经历一轮高速发展，并在战后凭借布雷顿森林体系使美元成为世界上最主要的国际清偿手段和国际储备货币，纽约开始成为世界金融中心。20 世纪 70 年代以来，随着金融全球化的发展，以日本东京、中国香港和新加坡为代表的亚洲地区国际金融中心开始崛起，同时加上众多的区域性金融中心以及离岸金融中心，国际金融中心进入多元化时代。

纵观全球经济发展的脉络和金融中心的演进路径，可以看出国际金融中心的转移往往是不同国家经济兴衰的过程。最初从欧洲开始，向美洲转移，之后随着世界经济格局的调整以及全球金融危机，使世界金融市场格局发生巨大变化，开始逐渐东移。国际金融中心的东移，推动金融要素快速向亚太地区聚集，而在这一转移过程中，中国日益增强的经济实力以及发展动能逐渐得到国际认可，人民币国际化趋势日益明显，成为世界经济体中不可忽视的重要力量。

二、国内环境

1. 稳定的经济政治格局

国际金融中心的形成需要高效的金融市场体系和良好的监管环境，更重要的是需要所在国（地区）的政治、经济稳定。国际金融中心的形成模式虽然多样化，但在不同发展模式下，监管制度和政府政策都会对其形成国际金融中心产生重要影响。国际金融中心形成的早期阶段通常需要政府提供具有竞争力的政策和制度环境；在国际金融中心的演变过程中，可以发现国际金融中心所在国（地区）的政治与经济政策一般都具有相对稳定性的特点。美国情况如此，英国也不例外，第二次世界大战后政局就一直比较稳定，无论是哪个政党执政，都能保持经济和金融政策的连续性。英国法律一贯保护外国资产在伦敦的利益，即便在战争期间也依然如此（刘刚，2007）。

经济政治稳定为国际金融中心的运作提供了安全的生存环境。金融危机在世界范围内影响颇大，使一些希望建立国际金融中心的国家受到重创。与此同时，中国由于开放步骤稳妥，对金融风险有所防范，故没有受到过大的冲击，经济各项指标保持良好稳定发展。我国经济保持稳定增长的同时，对外贸易持续攀升，出口形势一路向好，外汇储备屡创新高，进口产品也不断多元化，与越来越多的国家（地区）建立了进出口贸易关系。国际投资日趋活跃，世界五百强企业纷至沓来，中国投资流入持续升温，逐渐跃入世界前列。改革开放以来，中国政治局势一直持续向好，国内政局稳定，民族团结，国际形象持续改善，国际影响力日渐提升，一个泱泱大国形象得到越来越多国家的认同（龚少情，2011）。广东作为我国对外开放的前沿阵地，更是享政治局势稳定优势之先。

2. 稳定的金融环境

我国深化金融改革以来，通过实施强而有力的改革措施，金融环境趋于开放宽松。四大国有商业银行成功上市，金融机构步入健康、持续、稳定的发展轨道；人民币汇率总体比较稳定，并且随着我国经济的发展，人民币国际化已成趋势。2017 年 7 月，中国人民银行发布《中国金融稳定报告(2017)》，对我国 2016 年整体金融环境的稳健状况进行了全面评估。报告显示，我国金融业改革不断深化，金融市场平稳运行，金融机构整体稳健。

（1）金融业稳步发展。银行业金融机构资产负债规模保持增长（见图 1－1），对经济转型升级的支持力度不断加大，对薄弱领域的金融服务水平日益提升，开发性金融机构、政策性银行、大型商业银行改革持续推进，银行业资产质量下行压力趋缓，信用风险总体可控。证券期货业市场主体稳健发展，监管力度不断增强，基础性制度建设进一步完善。保险业资产总体呈现较快发展态势，资产规模不断扩大，保费收入快速增加，改革深入推进，服务社会能力增强。宏观审慎政策框架继续完善。系统性风险监测评估不断加强，全球系统重要性金融机构处置机制继续完善。宏观审慎评估体系（MPA）有效运行，外汇流动和跨境资金流动宏观审慎政策框架不断完善。

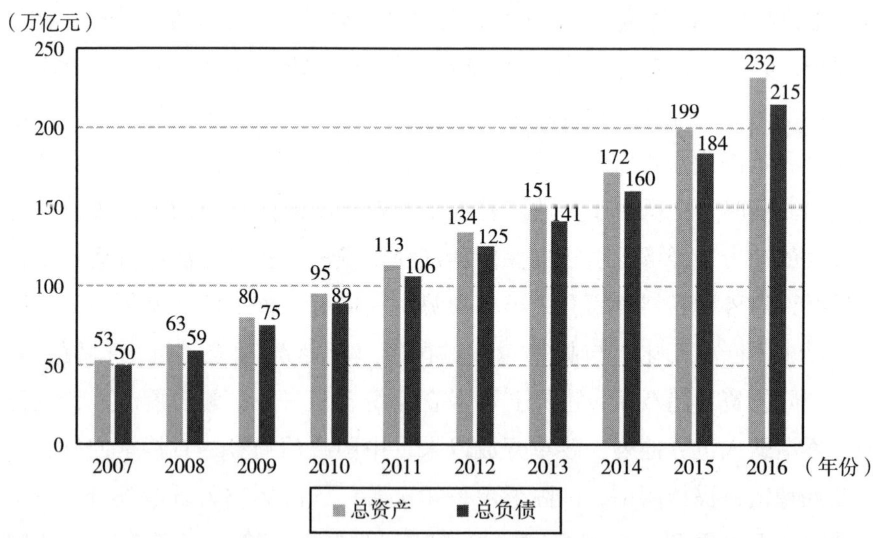

图 1－1 2007～2016 年银行业金融机构资产负债情况

（2）金融市场稳健运行。市场规模继续扩大，参与主体进一步丰富，市场制度建设扎实推进，对外开放取得显著进展。货币市场交易规模再创历史新高，利率弹性有所增大，外汇市场成交持续活跃。债券市场现券成交量同比大幅增长，收益率整体上行。股票市场基本持稳，成交活跃度明显降低。期货成交量快速增长，商品期货价格大幅上涨，金融期货价格走势较为平稳。

（3）金融基础设施建设取得新进展。支付、清算和结算体系不断完善，发布一系列重要规范性文件，金融法律法规不断健全，强化国家及公共安全，进一步推进简政放权；征信市场发展和社会信用体系建设持续推进，征信系统覆盖面不断扩大。

3. 我国资本市场的扩张

纵观国际金融中心的发展脉络，可以看出如果没有发达的资本市场，成为全球金融中心几乎不可能，尤其是建立具有功能中心特点的国际金融中心，资本市场则更不可少。资本市场是现代金融业的核心，是现代金融市场最为重要的组成部分。资本市场具有资源配置、风险配置、财富成长三大功能，通过发展资本市场能够有效带动其他类型金融市场的发展，同时可以促进所在国经济的持续发展，而所在国经济的持续发展是巩固国际金融中心地位的根本保证。《中国资本市场发展报告》指出，到 2020 年，中国资本市场的深度和广度将大为拓展，成为效率较高、流动性较强并具有一定深度的市场。股票、债券、商品期货和金融衍生品市场全面发展，市场层次更为丰富。资本市场将包含丰富的投资产品、多样化的交易平台，形成满足多层次投融资需求的市场体系。

■ 资本市场规模居世界前列

从股票市场来看，目前我国已形成交易所市场、场外市场以及区域股权交易中心的立体化市场结构。2016 年，我国股票市场市值共计 5.86 万亿美元，仅次于美国，居全球第二位。2016 年，新三板挂牌企业规模继续翻倍，取得快速发展：从 2015 年末的 5129 家冲至 10163 家，总市值也从 2015 年末的 2.46 万亿元涨到 4.06 万亿元（见图 1 –2）。

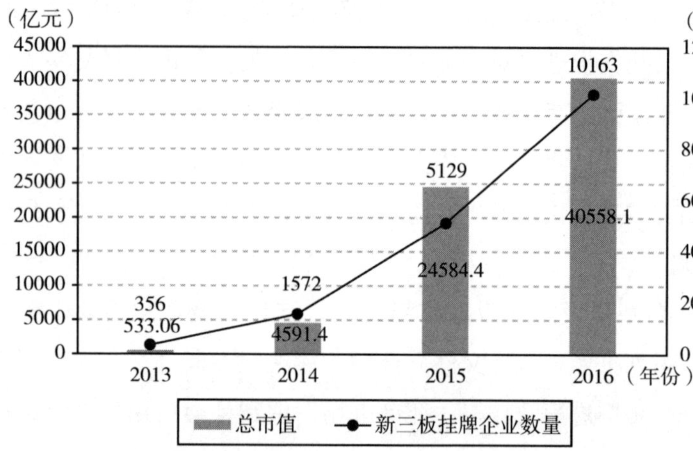

图 1－2 2013～2016 年中国新三板市场规模趋势

从期货市场看，除原油外，国际市场主要商品期货品种基本都已在我国上市交易，金融期货也开始起步，市场规模在世界名列前茅。

■ **资本市场功能日益增强**

资本市场的发展拓宽了储蓄转化为投资的渠道，截至 2012 年 6 月底，股市累计筹资约 4.7 万亿元，2008～2011 年公司信用类债券年均新发 1.57 万亿元；增强了金融体系的弹性，银行贷款占社会融资的比重持续下降，政府融资已经主要依靠发行国债；促进了“转方式、调结构”，2006～2011 年有 143 家上市公司实施了行业整合类的重大资产重组，交易金额 7570 亿元。此外，资本市场还促进了中国企业的价格发现和价值重估，推动了公司治理的完善，引领了企业管理模式的改变，普及了市场经济基本理念和现代金融基础知识，使法治、契约、公开、透明，乃至公平、正义、诚信等现代观念日益深入人心市场秩序趋于规范（郭树清，2012）。

■ **市场秩序趋于规范**

股权分置改革结束了上市公司两类股份、两个市场、两种价格并存的历史，为发挥好市场定价机制和资源配置功能创造了条件。股指期货和融资融券等创新业务，引入做空机制和信用交易机制，改变了长期的单边市场格局。我国资本市场现行有效的法律、法规、规章、规范性文件共 521 个，这些制度规范构建起一整套与国际通行原则基本相符的法律框架、交易规则和监管体系。在市场建设的许多方面，虽然起步晚，但进步很快，如打击、惩处和防范内幕交易等，中国市场已基本达到欧美发达市场的水平。

三、省域环境

1. 发展迅猛的金融产业

改革开放以来，广东充分发挥先行一步的政策优势、毗邻港澳的地缘优势及敢为人先的创新精神，不断解放思想，大胆创新，资本市场迅速发展壮大，市场规模和发展水平位居全国前列。同时，在金融改革的过程中深化资本市场改革，防范金融风险，不断提升资本市场服务实体经济的水平。广东省人民政府金融工作办公室公布的数据显示，2014 年，广东资本市场继续保持较快的发展速度，全省新增境内 A 股上市公司 26 家，居全国首位，境内上市公司总数达到 390 家；通过证券市场直接融资 1115 亿元，中小企业私募债、项目收益债券、资产证券化等新型直接融资工具得到运用推广；在新三板挂牌企业数量达到 149 家，在广东区域股权交易市场挂牌企业超过 7000 家，有效改善了创新创业投融资环境。2016 年，直接融资比例达到 35%。

2. 锐意进取的金融改革

广东 GDP 的增长速度自 2007 年以后逐渐回落，并于 2012 年结束了长达 20 年的两位数增长。在产业结构方面，2013 年广东第三产业比重首次超过第二产业，产业结构变化与全国同步。在增长动力方面，广东固定资产投资名义增速自 2003 年达到 27% 后开始回落到 20% 以下，并趋于缓慢下降，而全国的固定资产投资名义增速直到 2013 年才下降到 20% 以下。因此，可以初步判断广东经济比全国更早步入了新常态。① 在深化改革、加快转型的"新常态"下，广东承担着"先锋兵"角色，进行了一系列对中国金融市场产生深远意义的改革——成立广东自贸区、积极设立民营银行、互联网金融的兴起等。

---

① 赵细康：《新常态下的广东发展新方略》，http：//www. gdass. gov. cn/MessageInfo_3449. shtml。

中国（广东）自由贸易试验区，简称广东自贸区，于2014年12月31日经国务院正式批准设立。其面积涵盖广东三个片区：广州南沙新区片区、深圳前海蛇口片区以及珠海横琴片区。广东自贸区的核心特色是粤港澳联动。广东和港澳依托CEPA在金融机构的互设、人才的交流、跨境人民币业务、贸易便利化等方面已取得部分进展，自贸区成立后，粤港澳将以自贸区为平台进行粤港澳金融合作。重点探索创新跨境人民币业务，设立境内外连通、本外币连通、自贸园区内外连通的人民币账户体系，促进跨境投资和贸易便利化。在金融机构互设、金融市场互通、金融业务往来等方面，推动粤港澳金融深层次合作，充分借助港澳作为国际金融中心的地位和优势，进一步提升广东的对外开放水平，能够更快地推进广东金融中心的建设。

广东自贸区是我国进一步融入全球化的重要载体，肩负着推进开放型经济转型的历史使命。广东自贸区自成立以来积极扩大金融开放，以金融开放促进跨境贸易和投融资便利化，使自贸区内建设项目可从境内和境外获得低成本融资，让跨国公司可以利用自贸区平台提升财务运作效率。通过在广州南沙、珠海横琴开展跨境人民币贷款试点，拓宽了自贸区内项目建设和企业运营的境外融资渠道（李思敏，2016）。同时开展跨境双向人民币资金池业务和外资资金池业务，助力自贸区总部经济发展。这一系列扩大开放的措施皆有效地推动了广东省内金融市场与国际金融市场的联系，也有力助推广东国际金融中心的建设。

第二章

广东省建设国际金融中心的竞争力分析

一、广东省金融业发展现状

党的十八大以来，广东金融系统主动适应新常态，推进金融改革创新先行先试，成果显著：金融业规模和质量快速提升、金融体系不断完善、金融产品日益丰富、金融服务普惠性增强、金融改革有序推进、金融开放取得新进展、金融监管明显改进，已经成为驱动经济发展的重要支撑，推动广东省经济发展稳中有进、稳中向好、稳中提质。

1. 金融实力持续领跑全国

2018 年，广东金融业增加值 7296.98 亿元，同比增长 6.3%，占 GDP 的比重为 7.5%；金融机构本外币存款余额 20.81 万亿元，同比增长 6.95%；本外币贷款余额 14.52 万亿元，同比增长 15.18%；实现保费收入 4299.3 亿元；完成税收 2774 亿元，同比增长 8.2%；2018 年，境内上市公司总数达 588 家，新三板挂牌企业达 1638 家。[①] 广东主要金融指标继续领跑全国。其中，广州、深圳是广东金融业的重镇，深圳作为经济特区、全国性经济中心城市和国家创新型城市在全球已崭露头角，金融业的综合实力和竞争力位居全国前列，2017 年，金融业占 GDP 的比重达 13.64%。广州作为国家中心城市和综合性门户城市，金融业发展基础和潜力巨大，金融业增加值占 GDP 的比重达 9.30%。[②] 根据 2018 年 9 月公布

①② 根据广东省地方金融监督管理局公开数据整理。

的第24期全球金融中心指数（Global Financial Centers Index，GFCI），深圳与广州的排名分别为第12和第19位。同时，广东充分发挥广州、深圳的辐射带动作用，推动珠三角现代金融服务体系不断完善。珠三角地区9市金融业增加值、存贷款、保费收入、上市企业等主要指标约占广东省的八九成。广东自贸试验区积极推动在金融重点领域和关键环节的改革创新，积极推进跨境人民币业务发展、资本项目开放，促进投融资及汇兑便利化、深化粤港澳金融合作，构建与国际规则接轨的金融服务体系，目前已集聚创新型金融和各类金融企业超过6万家，国际竞争力不断增强。

2. 金融改革创新成效显著

■ **以自贸区金融创新为平台，支持对外开放合作**

广东积极引进金融机构和创新型金融企业集聚发展，成立了国内首家相互保险社、首家外资控股合资基金管理公司、首家澳资银行营业机构，自贸区入驻金融类企业超6万家，居全国自贸区首位，推进了跨境人民币结算。2016年结算业务量2.7万亿元，累计11.7万亿元，连续8年居全国首位。开展跨境人民币贷款试点，汇入贷款金额408亿元。开办跨境双向人民币资金池业务，累计收付360亿元。支持自贸区企业赴港发行人民币债券25亿元，其中50%调回区内使用。①

■ **以供给测结构性改革为重点，支持实体经济**

广东省在金融改革方面强调以供给侧结构性改革为重点，支持实体经济健康发展，有效落实了供给侧结构性改革去杠杆等一系列工作，积极向实体经济"输血造血"，为全省经济"增中有进，进中提质"提供了有力服务和支撑。广东省在国内率先印发供给侧结构性改革去杠杆行动计划，出台《金融支持广东省供给侧结构性改革实施意见》，有效推进落实金融机构去杠杆，支持"去降补"相关工作。与四大国有银行以及国家开发银行、中国人民保险集团等14家中央金融机构签订战略合作协议，签约授信额度6.4万亿元。大力发展直接融资，2016年全口径直接融资总额近1.1万亿元，再创历史新高，直接融资比例提高到35%，获得国务院调研组高

① 根据广东省地方金融监督管理局公开数据整理。

度肯定。着力推动“险资入粤”，累计引入保险资金 5479 亿元。成立国内最大民营投资公司（粤民投），首批实缴资本金 160 亿元。①

■ **以金融改革创新为动力，推动强省建设**

近年来，广东大力发展国际金融、科技金融、产业金融、民生金融和农村金融，金融创新发展成效突出，创下多个“全国第一”：首创医保的“湛江”模式；创建全国首个“互联网 +”众创金融示范区；建设国内第一条民间金融街；设立全国第一家民营银行暨互联网银行；发布国内首个跨境金融指数；发放国内第一笔滩涂承包经营权抵押贷款；跨境人民币结算业务量连续 8 年全国第一；碳排放权交易量全国第一；资产证券化产品融资规模全国第一等。

2012 年以来，广东省获得中央批准的金融创新试点有 6 个。广东金融高新服务区经历十年发展，金融后援基地和产业金融中心建设初具规模，总投资额达 653 亿元，吸引 333 家金融机构和知名企业落户，汇集 5 万名人才就业创业。自 2012 年起举办了六届中国（广州）国际万人次金融交易·博览会，共吸引超过 300 家参展机构、近 78 万人次入场参观；举办高端论坛 55 场，与清华大学五道口金融学院、广东金融学院共建金融智库。并从 2015 年起开始举办广金·千灯湖金融峰会，2017 年中国风险投资论坛首度落户广州，与深圳轮流举办。②

3. 金融安全环境迈上新台阶

近年来，广东省围绕地方金融风险防控、增强金融机构抗风险能力、防范跨境资金异常流动风险等方面开展了大量工作。在建立健全地方金融风险防控体系方面，建立了以省政府分管领导为召集人的广东省防控金融风险联席会议制度，开发建设广东地方金融风险监测防控平台，制定了广东省金融稳定应急预案。定期召开防控金融风险联席会议，研判各类金融风险形式，研究部署做好风险处置工作。在增强金融机构抗风险能力方面，通过发行次级债，广东法人银行有效补充了资本金。依托保险行业协会完善了反欺诈组织架构和工作机制，确保证券保险机构稳健发展。在防

①② 根据广东省地方金融监督管理局公开数据整理。

范跨境资金异常流动风险方面，广东省搭建了银行外汇和跨境人民币业务行业自律机制，严查跨境投机套利行为，规范跨境资金流动。在金融监管及专项整治方面，对小额贷款公司、融资性担保公司实施分类监管，促进其健康成长，积极稳妥地推进涉众型金融领域矛盾纠纷专项治理，开展互联网金融风险专项整治和清理整顿交易场所。在打击非法集资方面，广东专门制定印发处置非法集资监测预警工作制度和举报奖励办法。2016 年广东还及时协调处置了险资举牌、侨兴私募债兑付以及个别上市公司退市风险事件。

4. 金融开放格局不断提升

近年来，广东紧紧把握粤港澳大湾区建设、“一带一路”建设等历史性机遇，提速对外开放与合作步伐，形成了全方位、多层次、宽领域、高水平的开放与合作格局。以深圳前海、广州南沙、珠海横琴为平台，以粤港澳金融合作为重点，积极推动国际金融合作发展，创下多个“全国第一”：跨境人民币结算业务量连续 7 年“全国第一”；发布国内首个跨境金融指数；发行自贸区首只交易所市场公募熊猫债，成立国内首家外资控股的合资基金管理公司，率先实现粤港跨境电子直接缴费。广东积极引进金融机构和创新型金融企业集聚发展，成立了国内首家相互保险社、首家外资控股合资基金管理公司、首家澳资银行营业机构，自贸区入驻金融类企业超 6 万家，居全国自贸区首位。推进跨境人民币结算，2016 年结算业务量 2.7 万亿元，累计 11.7 万亿元，连续 8 年居全国首位。开展跨境人民币贷款试点，汇入贷款金额 408 亿元。支持自贸区企业赴港发行人民币债券，累计金额已达 25 亿元。开办跨境双向人民币资金池业务，累计收付 360 亿元。①

5. 新兴金融发展取得突破

广东作为全国经济改革发展的前沿，在风投创投发展、互联网金融、绿色金融和普惠金融建设等方面取得了显著成绩，有力地支撑了中小微企业的发展和科技创新成果转化。

在风投创投方面，广东创投机构管理的资本已经超过 4000 亿元。中小

---

① 根据广东省地方金融监督管理局公开数据整理。

规模的创投企业达到3500多家，其中达到上市规模的超过400家。截至2015年初，广东在创业投产方面的投资达到5.7亿元，极大地推动了高新技术产业的发展。2016年5月底，全省备案的私募股权、创业投资基金管理机构达2372家，排名全国第一，管理基金4994只，认缴规模1.75万亿元，实缴1.08万亿元，占全国总量的1/5。①

在互联网金融方面，广东省第三方支付互联网理财、P2P网络借贷等互联网业态发展迅猛，在全国居领先地位（张兴军、张佳，2016）。截至2015年第一季度末，广东有P2P网站平台359家，占全国的21%，贷款额占全国的26.7%，股权综合平台累计融资金额3.88亿元。② 总体上看，广东互联网金融总体活跃健康，各类业务均有不同程度的发展，也具有自身的鲜明特点。具体表现：一是总量较大，部分业务排名靠前，与广东自身经济发展阶段和经济规模在全国的排位相当；二是集中分布在深圳、广州和珠三角等经济活跃地区，与经济规律相符；三是消费金融等还有潜力，传统的借贷业务占大头，更多侧重创意创新等内容的众筹有待发展；四是与实体经济和“双创”结合较好；五是运营情况良好，问题平台主要出现在网贷行业，但规模较小，处置情况比较平稳。

专栏2－1

广东省互联网金融发展概况

■ 第三方支付

2010年人民银行发布《非金融机构支付服务管理办法》，对我国非金融机构支付服务实行牌照制度。2011～2016年共发放8批270张支付牌照，经清理整顿后，截至2016年共有267张牌照。2011年以来，我国第三方互联网支付规模增长迅速。同时，行业集中趋势明显，占据市场份额前三位的分别为支付宝（47.6%）、财付通（20.0%）和银联商务（10.9%），合计占比为78.5%。

①② 根据广东省地方金融监督管理局公开数据整理。

广东取得第三方支付牌照的机构共31家[①]，占全国的比重为11.6%，互联网收单交易规模超过1.5万亿元，占全国约20%。代表性的企业有财付通公司、银盛电子支付公司、广物电子商务公司等。

■ **P2P网络借贷**

2010年以来，网贷平台数量呈现爆发式增长态势，同时平台集中趋势也较为明显。截至2015年末，全国网贷行业运营平台达到了2595家，其中广东、山东、北京运营平台数量位列全国前三，占全国总平台数量的42.66%（见图1）。全年网贷成交量达到了9823.04亿元，网贷成交量位居前五位的省份分别是广东、北京、浙江、上海、江苏，累计成交量占据全国的87.17%（见图2）。

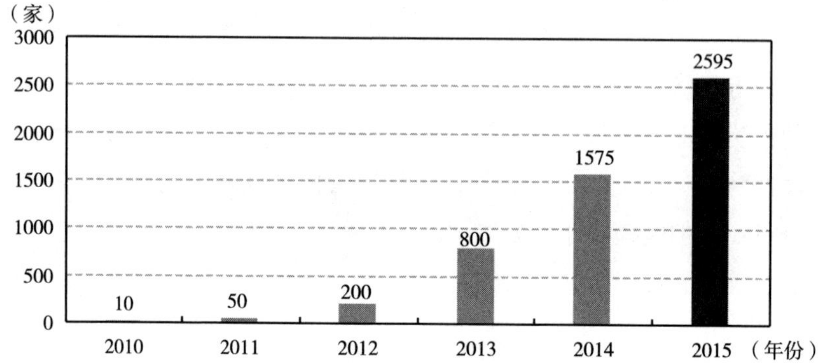

图1　国内各年网贷运营平台数量

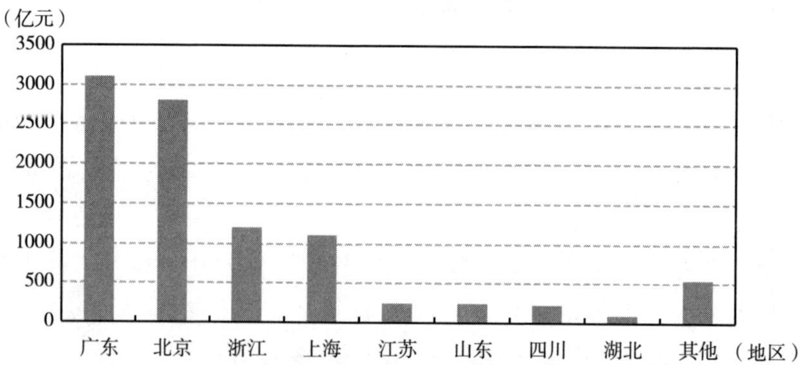

图2　2015年部分省份网贷累计成交量

① 原为32家，2015年10月广东益民旅游休闲服务有限公司因涉嫌非法吸存被注销牌照。

广东省 P2P 网贷行业起步较早，在全国居于领先地位。截至 2015 年末，广东省正在运营的 P2P 网贷平台共有 476 家，居全国第一位；网贷贷款余额 872 亿元，居全国第二位。广东省 P2P 网贷行业发展有三个特点。一是区域分布高度集中于深圳和广州。全省正常运营的 476 家 P2P 网贷平台中，位于深圳的有 363 家，占全省的 76%；位于广州的 56 家，占 12%；其他 57 家主要位于东莞、惠州、佛山等地区。二是行业规模趋向集中。2015 年全省成交量超过 10 亿元的平台达 31 家，这些平台运营时间基本超过 1 年，已奠定一定的领先优势。其中红岭创投全年成交量超过 800 亿元，余额 180 亿元，均居全国首位。三是行业风险逐渐显现，问题平台多为新成立的平台。

■ 众筹

我国最早建立的众筹平台为 2011 年 5 月在北京成立的“点名时间”众筹平台。目前，国内比较知名的众筹网站还有众筹网、京东众筹、乐童音乐和追梦网等。根据某互联网金融行业咨询公司《2015 年全国众筹行业年报》，截至 2015 年 12 月末，全国共有正常运营众筹平台 283 家，比 2014 年增长 99.30%，增长迅猛[①]。同时集聚发展趋势明显，广东、北京、上海众筹平台数排名前三（见图 3）。

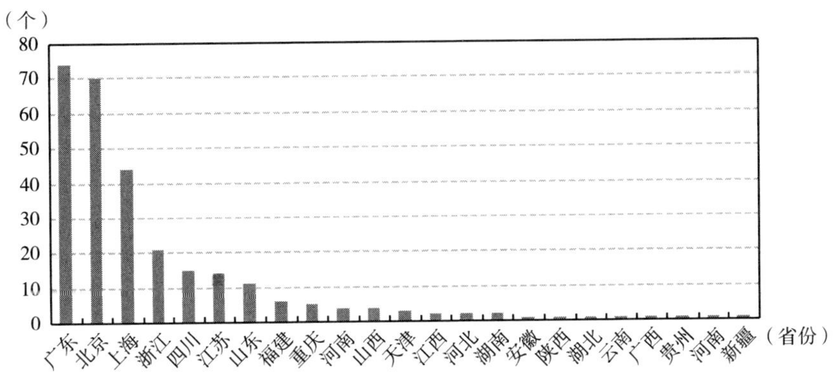

图 3　2015 年全国各地区正常运营众筹平台数量

① 胡滨、郑联盛：《股权众筹促进“双创”的规范化发展路线——以欧洲经验为借鉴》，载于《国家行政学院学报》2016 年第 4 期。

广东是除北京和上海以外，全国第三个拥有众筹平台的省级行政区。省内最早的平台是2012年5月成立的腾讯乐捐，属公益众筹平台。2012年省内首个非公开股权众筹平台“大家投”上线。“大家投”在国内股权众筹平台中首创了“领投+跟投”模式，由一位经验丰富的专业投资人作为领投人，其余投资人跟投。此模式被业界广泛采用，成为我国绝大多数股权众筹平台所采取的投资模式。2015年末，广东共有众筹平台74家，居全国第一，成功筹资金额21.16亿元，位居第二。其中，互联网非公开股权融资平台39家，占全国的30%；全年实际融资金额13.52亿元，占全国的26%。

资料来源：广东省地方金融监督管理局。

在绿色金融、普惠金融建设方面，广东均处于全国领先地位。作为碳金融市场的“排头兵”，广东践行绿色发展理念，近年来在绿色金融改革创新的试验中走在了前列，于2017年被列入全国首批绿色金融改革创新试验区，迎来了绿色金融发展的良好机遇。同时，广东认真落实中央“发展普惠金融”的全面深化改革要求以及广东省委、省政府“使我省普惠金融发展水平居于全国前列”的总体目标，把农村普惠金融建设作为切入点，全面推进广东省普惠金融的发展。

专栏2-2

广东省绿色金融和普惠金融建设概况

■ 广东在碳金融市场方面有先发优势

作为仅次于欧盟、韩国的全球第三大碳配额市场，广东通过积极探索创新，已走在绿色金融创新的前列。近年来，广东以碳金融创新为切入口，推出了包括碳排放权远期交易、碳附加资产证券化、碳排放配额抵押融资、回购融资、绿色债券、绿色融资租赁等多个绿色金融业务，并有数个融资项目已经落地，有效地引导社会资源分布，对推动绿色发展起到了重要的导向、促进作用。截至2016年9月5日，广东碳市场累计成交配额3727.56万吨，总成交金额11.39亿元，分别占全国市场的

30.65%和35.76%，成为全国首个配额现货总成交金额突破10亿元大关的试点。不仅如此，广东碳市场成交量与成交金额均位居全国第一。①

■ 农村普惠新飞跃，全省建成2.4万多个助农取款服务点

自2015年进行试点以来，农村普惠金融“村村通”试点已连续3年列入广东省十件民生实事工作任务目标。2014年发布的《广东省开展农村普惠金融试点方案》提出，要大力推进以建设县级综合征信中心、信用村、乡村金融（保险）服务站、乡村助农取款点，推广农村产权抵押担保贷款、“政银保”合作农业贷款、妇女小额担保财政贴息贷款、金融扶贫贷款等“八项行动”为主要内容的农村普惠金融建设，打通农村金融服务的“最后一公里”。

■ 金融助力中小微企业，平台对接融资1.8万笔

近年来，广东以解决中小微企业融资难为导向，积极探索创新有效服务中小微企业的金融手段和措施。例如，前海微众银行获得全国首批民营银行牌照；组建粤科科技金融集团，打造科技金融综合服务平台；筹建商业银行小微支行，设立小微企业专营中心；建设广州、前海、南海金融高新区三大区域股权交易中心，在广州、佛山、珠海、东莞、中山等地发展创新创业金融街；三大区域性股权市场累计挂牌企业近2.2万家，累计融资金额超过2000亿元，占全国的20%。

资料来源：广东省地方金融监督管理局。

6. 现代资本体系加快形成

2016年底，广东境内上市公司共471家，新三板挂牌企业1618家，全口径直接融资总额达1.1万亿元，保持全国领先；赴港上市企业保持全国第一，新三板挂牌企业跃居全国第二。截至2015年底，共有基金管理公司27家，管理证券投资基金1027只，基金资产净值达2.8万亿元，证券公司、基金管理公司及其分支机构数量均居全国第一；登记备案的私募基金6639家，管理私募基金5480只，资产总规模达7952亿元。直接融资方面，2015年广东企业通过沪深交易所、新三板、区域性股权交易市场和银

① 李玲：《碳金融专业（方向）人才需求分析》，载于《科学大众》（科学教育）2017年第1期。

行间交易市场、发改委企业债累计实现直接融资总额达7735亿元，居于全国前列。同时，区域性股权交易市场在扶持本地创新创业企业方面具有较大优势。省内3家OTC融资超750亿元（平均融资520万元/家），超越新三板的规模。同时，广州OTC“中国青创板”成为全国唯一的由团中央和广东省共建的创新创业示范项目，还开辟了“科技板”“成长板”“华侨板”等中小微企业服务平台。①

二、广东省内主要城市金融业发展现状

1. 广州市金融综合实力稳居全国前列

如图2－1所示，2016年广州金融业增加值达到1800亿元，同比增长11.3%，占GDP的比重为9.2%，拉动GDP增长1.0个百分点，较2012年（971.27亿元）增长了近1倍，年均增速达18.4%；如表2－1所示，本外币存贷款余额分别为4.75万亿元和2.97万亿元，较2012年增长了57.3%和49.2%，稳居全国大城市第四位；2016年广州市金融业总资产超过6.5万亿元，比2012年（4.7万亿元）增长了38%；金融业税收收入

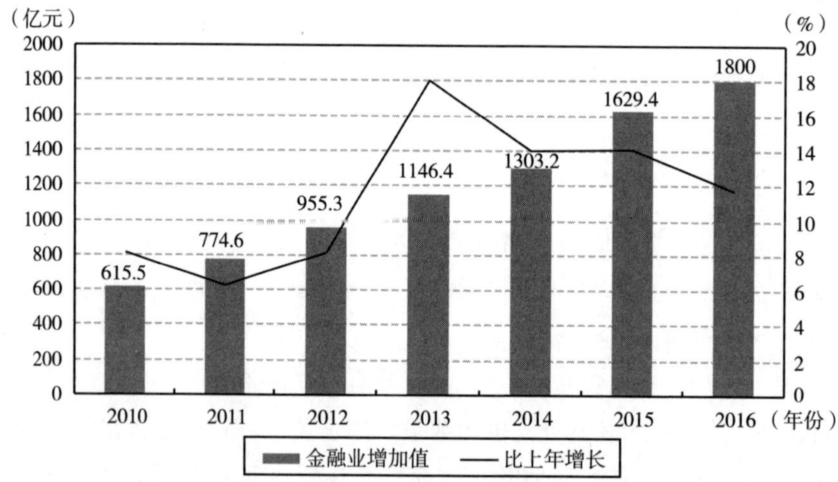

图2－1 2010～2016年广州市金融业增加值及增长情况

① 根据广东省地方金融监督管理局公开数据整理。

353.33亿元，比2012年（205.58亿元）增长了72%。全市共有银行、证券、保险、信托等各类金融机构285家，其中法人金融机构52家。①

表2-1　2016年广州金融机构本外币存贷款余额及其增长情况

指　标	年末数（亿元）	比年初增长（%）
各项存款余额	47530.2	10.9
其中：非金融企业存款	16686.6	23.9
住户存款	14430.1	6.1
各项贷款余额	29669.8	8.7
其中：境内住户贷款	11177.9	22.6
境内非金融企业及机关团体贷款	18100.6	2.5

广州市金融交易平台发展不断壮大，辐射影响力显著提升。"十二五"时期广州市金融交易平台从无到有，大大提升了广州区域金融中心的辐射影响力。广州股权交易中心累计挂牌、展示企业2994家，210家企业实现融资交易64.8亿元，共青团中央委员会和广东省政府共建的"中国青创板"落户该中心。广州碳排放权交易所累计成交碳配额2350.88万吨，成交金额9.64亿元，约占全国的42.37%（含一级、二级市场）。广州金融资产交易中心实现交易额50.31亿元。② 广州商品清算中心、广州钻石交易中心获批设立。创新型期货交易所设立工作明确写入中国（广东）自由贸易试验区总体方案。

专栏2-3

广州市创新金融交易平台发展概况

中证报价系统南方总部。2017年3月，中证报价系统南方运营中心落户广州，该项目的落户，标志着"两所"（沪深交易所）、"两系统"（全国股权系统、中证报价系统）在京沪港深形成四足鼎立的局面，将为广州建设风险投资之都发挥重要作用，开启广州引进和建设全国性金融交易平台的新局面。

---

①② 根据广州市地方金融监督管理局公开数据整理。

广州股权交易中心。2012 年 8 月 9 日开业运营，主要为广东省内中小企业和投资者提供股权登记托管、股权转让、增资扩股、股权质押融资、资信评估等优质金融服务。

广州金融资产交易中心。2014 年 4 月 18 日正式开业，首期上线产品为小额贷款资产收益权、信托受益权、应收账款受益权和商业汇票受益权。中心完成小贷资产收益权产品业务 8.2 亿元，完成理财计划交易额 611.03 亿元。

广州碳排放交易所。2012 年 9 月 11 日正式挂牌营业，主要推广自愿减排项目的开展与价值量化，促进地区内低碳技术成果转化，为企业提供有效的减排激励机制，有偿地鼓励企业通过技术革新减少温室气体排放。

广州商品清算中心。2015 年落户南沙，通过为大宗商品交易场所的交易标的提供统一的登记服务、独立进行商品交易清算业务，促进大宗商品产业链在自贸区内积聚。2016 年，正式上线运营统一清算系统和信用信息登记平台与 8 家交易平台签署开展统一清算协议。

资料来源：广州市地方金融监督管理局。

"十二五"时期，广州市大力实施企业上市"双百工程"，发展和利用资本市场不断取得新突破。2015 年全市上市公司和新三板挂牌企业双双突破 100 家，其中，境内外上市公司 115 家，比"十一五"期末新增 45 家，总市值 1.78 万亿元，累计融资额近 3000 亿元；新三板挂牌企业 156 家，总市值 394 亿元；创业及股权投资机构约 1000 家，管理资金规模约 2000 亿元。2015 年全市共发债融资 3825.44 亿元。2015 年全市直接融资占比达 33.6%。全市 11 个区成立了政府投资基金，总规模近 100 亿元，在全省率先实现区级政府投资基金全覆盖。①

在金融功能区发展方面，2012 年以来，广州积极推进各具特色的金融功能区建设，已启动建设并形成一定规模的功能区 6 个，已获批规划建设的三个功能区包括国家绿色金融改革创新实验区、白鹅潭产业金融服务创

① 根据广州市地方金融监督管理局公开数据整理。

新区、南沙国际金融岛。正在推进建设的三个基金小镇包括：番禺万博基金小镇、广州温泉财富小镇、广州创投小镇——海珠洋湾岛。

专栏 2-4

广州特色金融功能区建设

广州国际金融城建设方面，金融城从 2011 年开始规划，总用地面积约 8 平方公里，主要强化金融运营、管理和服务等综合性功能，加大对国外金融机构特别是总部金融机构的引进力度，并将建设广州国际金融文化交流中心（岭南金融博物馆）。南沙现代金融服务区建设方面，于 2012 年启动的南沙现代金融服务区的建设，按照与港澳功能互补、错位发展、互利共赢的原则，重点发展跨境金融、航运金融、融资租赁、大宗商品交易等特色金融业，打造广州金融创新高地和新增长极。截至目前，南沙共有各类金融机构（类金融）企业 2138 家。广州民间金融街建设形势喜人，自 2012 年开始，广州在素有“广州金融发源地”之称的长堤大马路建设国内首条集资金借贷、财富管理、支付结算、信息发布为一体的广州民间金融街，主要为中小企业和个人提供融资服务。广州金融创新服务区位于广州开发区，2007 年全面启动建设，主打科技金融板块，共集聚各类金融创新企业 100 多家，是广州市的股权投资基地，金融设备制造业全国领先。广州中小微企业金融服务区位于广州市增城区新塘镇，2015 年正式开园，致力于做中小微企业的金融管家创新普惠金融模式，探索出一条高效、可复制的金融普惠道路。广东省政府于 2013 年 11 月批复同意建立增城农村金融改革创新实验区。目前，全区农村地区已形成银行网点、农村金融服务站、助农取款服务点三个层次相互支撑、区域互补、全方位的即溶服务体系。

资料来源：广州市地方金融监督管理局。

2017 年 6 月 23 日，人民银行等七部委联合发布了《广东省广州市建设绿色金融改革创新试验区总体方案》，华南地区唯一一个绿色金融改革创新试验区正式落地广东省广州市。广州绿色金融改革创新试验区（以下简称“绿色金融改革试验区”）批复一年多来，广东省、广州市两级政府紧紧围绕“绿色金融改革创新的试验田、绿色金融与绿色产业协调发展的示范区、粤港澳大湾区合作发展的新平台、‘一带一路’建设的助推器”四大定位目标，先后出台一系列政策措施，大力支持绿色金融改革试验区的发展，在促进经济建设和生态文明协调发展方面形成了一批可复制、可推广的绿色金融发展模式和成功经验。一是创新体制机制，促进绿色产业发展。创新绿色企业和绿色项目认证机制，发布绿色企业和绿色项目认定办法；创新绿色项目产融对接机制，引导金融机构精准对接绿色项目融资需求；创新绿色金融风险补偿机制，降低金融机构开展绿色金融业务的风险；探索创新绿色金融货币政策支持机制，引导金融机构支持绿色产业发展。二是创新产品和服务，大力提升绿色金融服务水平。提高绿色信贷占比和绿色保险覆盖率，截至2018年底，银行业绿色贷款余额125.13亿元，同比增长41.29%；发行绿色债券和绿色中期票据74亿元；环境污染责任险企业投保覆盖率超过80%，安全生产责任险企业投保覆盖率达到100%。[①] 积极设立绿色基金，目前已设立1支政府引导基金和3支绿色发展基金。创新碳金融业务，首单“碳排放权抵押+资产抵押+保险”融资落地实行，林业碳汇试点业务成功开发并上市交易。三是加强对外合作，合力推进粤港澳大湾区绿色金融建设。加强国际绿色金融交流与合作，在第14届国际金融论坛全球年会、第七届中国（广州）国际金融交易·博览会、中美金融研讨会上举办绿色金融专题论坛和推介，吸引世界各国和地区金融机构开展绿色金融业务；与世界银行合作，实施《广州市绿色金融改革创新试验区技术支持方案》，构建绿色标准、碳交易及碳金融机制并向粤港澳大湾区推广；与香港品质保证局合作，签订绿色金融合作备忘录，编制绿色金融发展指数；在2019年穗港澳金融合作推介会上，签订粤港澳大湾区环境信息披露倡议，在大湾区先行先试环境信息披露工作；加强与港澳绿色金融合作，推动港澳金融机构发起设立以绿色证券业务为主的合资证券公司，探索在绿色金融标准、绿色企业和项目标准等方面开展合作。四是加强风险防范，加快构建金融风险防控体系。完善绿色信贷、

① 根据广州市地方金融监督管理局公开数据整理。

绿色债券、绿色保险以及碳金融等业务的统计方法，建立金融风险防控平台，及时发现、化解并处置金融风险。

2. 深圳市金融继续保持快速健康发展

2016 年深圳市金融业实现增加值 2876.89 亿元，同比增长 14.6%，占同期全市 GDP 的 14.8%，再创历史新高；金融业实现国地税合计税收 979.1 亿元（不含证券交易印花税 790 亿元），占全市总税收的 20.2%，居各行业第二。截至 2016 年底，全市银行业总资产 7.85 万亿元，法人证券公司总资产 1.25 万亿元，法人保险公司总资产 3.6 万亿元，三者合计约 12.7 万亿元，金融业资产规模稳居全国第三。在英国智库 Zyen 集团发布的最新一期“全球金融中心指数”（GFCI）排名中，深圳排第 22 位，在国内城市中仅次于香港和上海。①

深圳市金融服务功能明显增强，发挥了显著的经济发展“稳定器”作用。2015 年，深圳社会融资规模增量达到 7072 亿元，同比增加 1194 亿元，有力支撑了全市经济社会发展。截至 2016 年，深圳银行业用于小微企业的贷款余额 4934.86 亿元，小微企业贷款的申贷获得率超 85%，连续七年实现“两个不低于”目标（即小微贷款增速不低于各项贷款平均增速，增量不低于上年同期）。一大批优秀本土企业利用资本市场做大做强。2015 年深圳保险市场实现保费收入 647.6 亿元，比 2010 年增长 79.1%；深圳保险业共承担各类风险保障 101.3 万亿元，赔付和给付支出 176.7 亿元，出口信用险支持深圳出口 297 亿美元，支持了外向型经济发展。②

深圳市金融组织体系完善，金融机构实力强劲。全市在五年间新引进分行级以上持牌金融机构 25 家，其中法人 13 家；截至 2016 年底，持牌金融机构总数达 403 家，其中法人 173 家，金融资源集聚效应增强。银行业资产总额 6.83 万亿元，居全国大中城市第三位。证券公司总资产 1.43 万亿元，居全国第二；24 家基金管理公司管理公募基金资产净值 1.96 万亿元，18 家基金子公司管理资产 3.45 万亿元，居全国前列。保险法人机构总资产 3.17 万亿元，占全国 1/4 强。③

---

①②③　根据深圳市地方金融监督管理局公开数据整理。

深圳市金融市场发展迅速。2016 年深市上市公司 1746 家，比 2010 年增加 577 家；上市公司总市值 23.61 万亿元，比 2010 年增长 173.3%。银行间货币市场交易量 94.42 万亿元，同比增长 48.8%；银行间债券市场交易量 23.75 万亿元，同比增长 69.9%。全市黄金夜市成交量 63.2 万吨，同比增长 24.9%，占上海黄金交易所交易量的 54.2%；夜市成交额 4.98 万亿元，同比增加 59.5%，占上海金交所交易额的 28.6%。上市公司数量增多。截至 2016 年底，深圳境内上市公司达 233 家（其中，中小板 94 家、创业板 62 家），排名全国第六；境内上市公司总市值 4.35 万亿元，排名全国第三。全市共有新三板挂牌公司 697 家，其中创新层 65 家。2016 年深圳共有 92 家上市公司通过资本市场募集资金，融资达 1101.92 亿元，其中股票再融资 714.04 亿元；共有 195 家新三板挂牌公司通过定向发行股票等筹资，合计达 74.87 亿元。跨境人民币业务持续增长。截至 2016 年 12 月末，全市 57 家银行累计办理跨境人民币业务 5.34 万亿元，交易涉及 159 个国家和地区，其中香港地区的结算量占 74.25%。①

深圳金融国际化水平较高。截至 2015 年末，深圳共有 130 余家外资金融机构，其中外资法人金融机构 16 家，数量居全国第三，包括外资银行 4 家、合资基金管理公司 10 家、外资保险公司 2 家。本土金融机构加快海外拓展，到 2015 年末，19 家本地法人金融机构在境外设立分支机构超 30 家，其中 16 家在香港设立了分支机构。深圳获得合格境内机构投资者（QDII）资格的法人金融机构 23 家，获批额度超 250 亿美元。12 家金融机构在香港的子公司获得人民币合格境外机构投资者（RQFII）资格，获批额度 745 亿元人民币，占全部份额的 17.2%。②

前海金融产业集聚效应不断增强。截至 2016 年末，前海深港合作区注册的金融类企业 5.09 万家，占前海入区企业总数的 46.6%，合计注册资本（含认缴）4.4 万亿元。其中，银行类金融机构 40 家，证券业金融机构 88 家，保险业金融机构 22 家，另有融资租赁公司 2000 余家，商业保理公司 4000 余家，小贷公司 36 家，信用担保公司 280 余家等，基本形成了横跨不同行业、不同业态、多层次的金融生态圈。③ 前海跨境人民币贷款累

①②③ 根据深圳市地方金融监督管理局公开数据整理。

计发放 365 亿元，惠及前海 171 家企业。前海外债宏观审慎管理试点签约折合 11 亿美元，平均降低企业融资成本 1 ~2 个百分点。跨境双向人民币资金池业务稳步开展，备案资金池 81 个，涉及所有者权益达 1.1 万亿元；50 家跨国公司参与跨境外汇资金池业务，跨境流出入总规模达 154 亿美元。①

3. 珠海市金融业各项指标实现跨越增长

近年来，珠海市通过积极有效地措施，实现了金融行业总量的快速增长、金融开放创新的不断深化、金融服务能力的大步提升和金融生态环境的持续优化。“十二五”期间，珠海市金融业发展各项主要指标增幅均高于地区生产总值增幅。

2015 年，珠海市金融业增加值为 146.8 亿元，“十二五”期间年均增长 21.01%，金融业增加值占地区生产总值的比重达 7.25%，比 2010 年上升 2.58 个百分点，占比居全省地级市第一位。“十二五”全市金融业实现三级税收翻两番，贷款余额达 2969.7 亿元，贷款余额与 GDP 的占比居全省地级市首位。同时，上市及挂牌企业进一步增多，上市及挂牌企业达到 82 家。“十二五”期间，珠海市企业从资本市场直接融资 317.65 亿元，总量在全省名列前茅。②

2015 年末，珠海市各类金融企业 2214 家，涵盖了 20 余个金融企业种类。金融总资产 6581.89 亿元（不含股权投资和新兴金融业），其中银行业机构总资产 6220.30 亿元，占金融业总资产的 94.51%。2015 年，珠海共有小额贷款公司 12 家，资产总额 12.11 亿元。共有融资担保公司 15 家，资产总额 18.04 亿元，累计担保 18.21 亿元。③

珠海市新兴金融业保持快速发展。各类新兴金融机构 814 家，其中，融资租赁公司 61 家，保理公司 25 家，货币兑换公司 12 家，阳光私募 8 家，资本管理公司 99 家，资产管理公司 223 家，注册交易平台 11 家，财富管理、金融服务、互联网金融、投资公司等其他新兴金融公司 375 家。④

珠海市在金融创新方面取得新的突破。利用国务院鼓励横琴新区先行先

---

①　根据深圳市地方金融监督管理局公开数据整理。

②③④　根据珠海市金融工作局公开数据整理。

试的金融政策导向，珠海市在全国率先开展多项跨境金融创新，加快推动各类金融要素市场及金融机构在横琴金融商务区集聚和发展，并在跨境贷款、跨境按揭、跨境发债、资本金意愿结汇、外汇登记等多个方面取得突破。

4. 佛山市金融行业保持快速稳定增长

2001～2015年，佛山市金融业实现稳健发展。2015年，佛山市金融机构本外币各项存款余额11867.67亿元，比2010年增长40.24%。其中，境内住户存款余额6232.2亿元，比2010年增长39.71%；各项贷款余额7950.53亿元，比2010年增长63.29%。全市保费收入256.54亿元，比2010年增长79.79%，其中，产险93.82亿元、寿险162.72亿元。全市证券交易成交总额（不含权证）65762亿元，比2010年增长近4倍。全市39家小额贷款公司注册资本达77.83亿元，比2010年增长近6倍，累计为本地中小企业和“三农”提供贷款逾4.3万笔、666.5亿元，比2010年增长20倍。全市29家本地注册融资担保机构自2010年起已累计为9334户中小企业融资635亿元。各类金融机构业务量和利润额均保持持续增长，金融总量与佛山市经济实力相匹配，列居全省第三，境内住户存款余额等多项重要金融指标在全国地级市排名前列。①

在金融体系方面，佛山市已初步形成人民银行、银监局和金融局综合协调监管，银行、证券期货、保险等传统金融机构和融资担保、小额贷款、股权投资基金、融资租赁等新型金融机构共同发展的金融体系，机构总数近700家，约是2010年的4倍。2015年，银行业机构51家（政策性银行1家、国有银行9家、股份制银行17家、外资银行15家，以及地方法人机构9家），比2010年增长1倍多；保险业机构63家（其中，产险公司27家，寿险公司36家），比2010年增加21家；全市证券期货业机构100家，比2010年增加近3倍，其中证券分公司及营业部86家，期货营业部14家；民间金融机构快速发展，小额贷款公司39家，比2010年增长近4倍；股权投资机构276家，比2010年增长近4倍；3家村镇银行、18家融资租赁公司实现了从无到有、从少到多的突破。②

①② 根据佛山市金融工作局公开数据整理。

近年来，佛山市将推动企业上市工作放在重要位置，市、区加强联动，通过企业上市绿色通道证、企业股改和上市奖励、债券融资、促进股权投资行业发展等扶持政策，大力推动多层次资本市场发展。2015 年，佛山市上市公司总数达到 43 家，比 2010 年增长 65.38%，累计融资超过 700 亿元，比 2010 年增长近 1 倍。2015 年末全市已有 41 家企业成功挂牌新三板，并形成了上百家企业的拟上市企业梯队。“佛山板块”加速成长，上市公司资本市场运作能力不断提升，利用资本市场积极开展产业链上下游及跨行业的并购重组。债券市场方面，佛山市 32 家企业在全国性债券市场共发行各类债券 122 期，累计融资金额 698.33 亿元，比 2010 年增长近 6 倍。其中，非金融类企业 29 家，发行各类债券 71 期，累计融资金额 353.39 亿元，比 2010 年增长 2 倍。股权投资行业方面，佛山市积极打造华南地区股权投资行业集聚区，2015 年全市股权投资基金（创投公司）总数达到 276 家，注册资本超过 398 亿元，比 2010 年增加近 2 倍。[①]

在金融平台和载体建设方面，佛山市通过建设重点金融服务平台和载体，集聚各类金融资源。广东金融高新区自 2007 年成立以来，被列入国务院《珠江三角洲地区改革发展规划纲要 2008—2020 年》、广东省委、省政府《关于加快发展金融产业建设金融强省的若干意见》等纲领性文件，定位为“亚太金融后援基地”和“广东产业金融中心”。佛山市金融投资控股公司持有市科技小贷、佛山南方产权交易所等多家金融、类金融机构股权，运作总规模近 20 亿元。

5. 东莞市金融业支持经济产业创新转型

近年来，东莞市金融业实现快速增长，据东莞市人民政府金融工作局统计，截至 2017 年第三季度，全市金融业增加值超 220 亿元，居全省地级市第一；年内新增 A 股上市公司 7 家，增量居全国地级市第四、华南地区第一；年内新三板挂牌企业新增 43 家，总数达 202 家，连续四年保持全省地级市第一；备案登记基金突破 130 只，数量居全省地级市首位。[②]

---

① 根据佛山市金融工作局公开数据整理。

② 根据东莞市金融工作局公开数据整理。

目前，东莞本外币存款余额首次突破10000亿元，本外币贷款余额首次突破6000亿元，实现金融业增加值402.7亿元，占GDP和第三产业比重分别达到6.4%和12.0%，金融业已发展成为国民经济的重要产业。东莞已基本形成银行、证券、保险、信托、基金等多种金融机构并存，全国性、区域性、地方性机构协调发展的多元化金融组织体系。目前，东莞市共有8家地方法人银行机构，是广东省唯一拥有信托、证券总部的地级市。全市共设有外资金融机构分支及代表处近30家。其中，外资银行分行5家、支行7家，数量居全省地级市首位。①

东莞市金融业促进经济社会发展成效明显。截至2015年末，东莞全市银行机构中长期贷款余额3598.2亿元，主要投向制造业、基础设施、能源交通等领域，着力支持优势产业发展和重点项目建设；中小企业贷款余额2532.1亿元，为中小企业发展提供资金支持；贸易融资余额251.2亿元，有效支持外经贸平稳发展。② 东莞持续加大企业利用资本市场的环境建设，出台一系列政策支持企业上市和利用债券市场直接融资。鼓励有条件企业到全国中小企业股份转让系统挂牌交易，并引进深圳前海股权交易中心在东莞设立办事处，全市挂牌新三板、新四板企业的数量和融资额处于省内各地市前列。

各类投资基金、股权投资公司、融资租赁公司、互联网金融公司蓬勃发展，为科技企业、初创期企业和消费领域开辟了新的融资渠道，新型金融组织对经济支持作用逐渐显现。截至2015年末，东莞小额贷款公司贷款余额30.2亿元，融资性担保公司在保余额117.2亿元，为完善小微企业金融服务方面发挥了积极作用。一批新型金融业态，多层次、多渠道地缓解中小微企业融资难问题，包括消费金融公司、村镇银行、VC、PE、融资租赁、融资性担保、小额贷款、P2P网贷、股权众筹等在东莞市不断涌现。③商业保险对科技企业融资和进出口融资的支持作用日益增强。2015年，东莞保险业累计支付各项赔款和给付金额35亿元，为各类财产提供了56878亿元的保险保障。④

①②③④ 根据东莞市金融工作局公开数据整理。

在金融创新方面，东莞依托金融创新试点稳步推进各项工作。作为全国科技金融试点城市，东莞近年出台多项相关产业政策，积极推动金融机构、金融业务和金融产品创新，力促金融与科技、产业融合发展。2013 年，中国人民银行广州分行与东莞市人民政府签署了《共同推进科技金融创新试验区建设合作框架协议》，各银行机构与企业完成签约项目 133 个，金额 416.7 亿元。根据东莞外向经济和集群经济特色，试点设立了“莞台金融”“科技金融”等金融创新平台，助推科技金融发展与产融结合。

三、广东省建设国际金融中心的优势

1. 地理位置优越

广东背靠祖国内陆广大腹地，面向东南亚，恰处太平洋、印度洋、大西洋航运的枢纽，是中国重要的海上交通要冲、沟通海外的通道和主要对外通商口岸之一。历史上，广东是中原地区南下出海的必经之地，“海上丝绸之路”的起点。随着中国对外开放、经济国际化以及海洋事业的发展，广东的“南大门”区位更显优势。广东可以利用优势充分发挥“口岸”“通道”“窗口”的功能，既可以加强和发展与内地的联系，也可以开拓对外的经济金融市场和贸易事业。

纽约和伦敦仅覆盖了欧美的 16 个时区，中国正是其余 8 个时区中经济成长最快、人口最多并最具潜力的国家，在这一时区（或称为中国时区）中，广东在经济、金融方面的领先优势有利于国际金融中心的建设。同时毗邻港澳也是广东独特的在经济发展方面的地缘优势，香港、澳门作为中西经济、文化交流的商埠和世界自由贸易的港口，同世界各地特别是与欧美有着天然的联系，对紧靠港、澳的广东的发展将有深远的影响。

2. 特殊政策优势

在我国改革与发展过程中，广东省经济改革政策和经济发展的措施相对于其他省份，是明显超前并具有突出优势的。其中最重要的就是对外开放政策在广东的实行。广东在我国开放的过程中一直充当着“排头兵”的角色，首先，政府赋予广东“特殊政策，灵活措施”的政策优势和制度创新优势，后又于1992年在广东设立3个保税区，广东在改革开放过程中拥有2个沿海城市、4个经济开放区、6个高新技术区和将近40个经济实验开放区政策[①]。之后随着广交会的开办，成功成为全国贸易的“晴雨表”，极大地促进了广东省对外贸易的发展。

2014年12月31日，经国务院正式批准设立中国（广东）自由贸易试验区。自贸区的成立意味着广东拥有一个金融改革创新的全新实验平台，将在建设国际化、市场化、法治化营商环境、提高行政审批效率和促进投资与贸易便利化等方面大胆进行制度创新。

广东省于2009年8月出台的《珠江三角洲产业布局一体化规划（2009~2020年）》对珠三角各金融城市的定位和功能进行了重新布局，确立以广州、深圳为两个区域金融中心，佛山、东莞和珠海三地为重要节点，极有力地推动广东金融强省以及国际金融中心建设。在这个布局的基础上，各个城市的功能有了明确定位，广州重点发展银行业和保险业，而深圳的重点是证券业和粤港合作。同时，佛山市南海区作为广东省金融高新技术服务区试点，将建成重要的金融后援服务基地，吸引金融机构的数据处理中心、呼叫中心、金融产品研发、清算结算、定损理赔等入驻。珠海、中山、东莞作为科技金融试点、港澳台金融合作试点，在金融创新和粤港澳合作方面发挥优势。

3. 金融综合实力强

随着广东省金融业的不断发展，金融业占GDP的比重逐年上升，其在经济发展中占据着越来越重要的地位。2015年广东省金融业增加值达5708.08亿元，金融业占GDP比重为7.9%（见图2-2）。

---

① 黄新飞、舒元：《对外开放与广东经济增长：一个产业发展的视角——基于改革开放三十年的经验分析》，区域经济合作与区域经济发展理论研讨会，2008年。

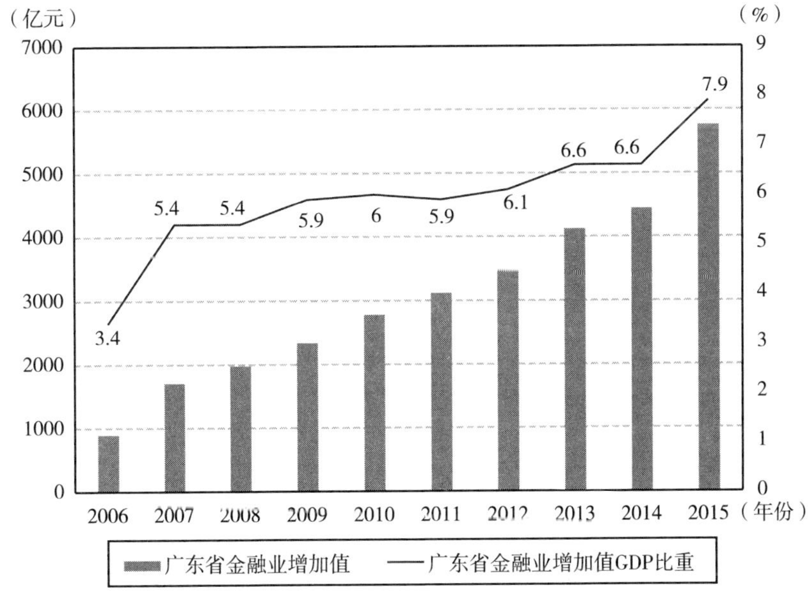

图 2－2　2006～2015 年广东省金融业增加值及占 GDP 比重

资料来源：根据《广东统计年鉴》相关年份数据整理。

■ 银行业实力强

决定金融实力的绝大部分因素是银行业。2015 年，广东省银行业资产总额同比增长 11.9%，营业网点和从业人员分别增加 519 个和 6271 人。金融组织体系进一步完善，财务公司和村镇银行分别增至 19 家和 53 家。2015 年末，广东省本外币存款余额 16.04 万亿元，同比增长 11.6%。非银行业金融机构存款成为增长主力。存款增长波动较大，非银行业金融机构存款成为增长主力。2015 年末，广东省本外币存款余额 16.04 万亿元，同比增长 11.6%。从节奏看，存款增长与股市走势呈正相关，2015 年一、二季度迅速增加，三季度急剧下降，四季度平稳回升。分部门看，非银行金融机构存款与企业存款增长加快，年度新增额分别占当年新增各项存款规模的 61.3% 和 42.3%；广义政府存款、住户存款与境外存款增速减缓，外币存款同比少增[①]。

① 中国人民银行：《2015 年广东省金融运行报告》，引自《2015 年中国区域金融运行报告》，中国人民银行网站，2016 年 7 月 8 日。

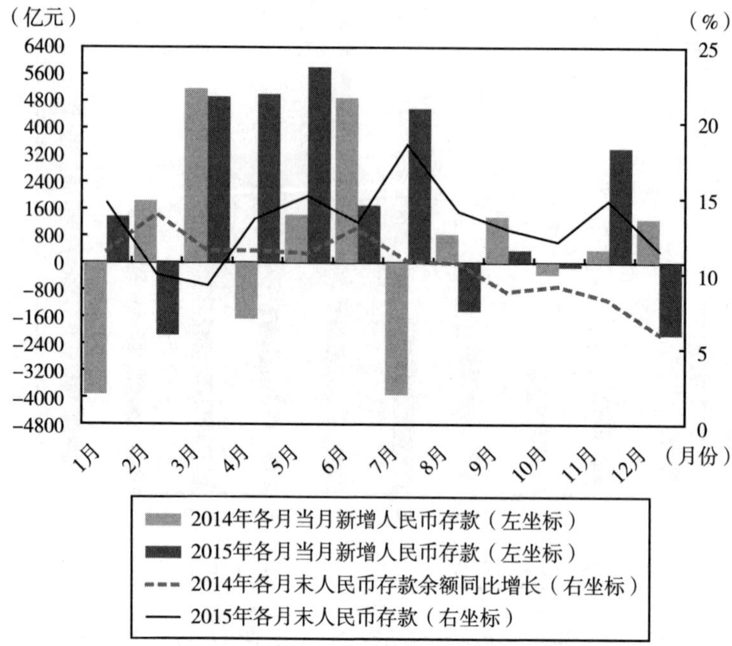

图 2-3 2014 年、2015 年广东省金融机构人民币存款增长情况

■ 保险业平稳较快发展

保险机构经营效益改善，业务创新取得新进展。如表 2-2 所示，2015 年末，广东省保险公司全年保费总收入达 2814 亿元，同比增长 20.2%，继续居全国首位；承保利润达 63 亿元，是上年的 2.3 倍。[①] 保险业顺利完成商业车险费率改革试点，开展保险公司专属代理门店试点，在自贸区探索建立独立个人代理人制度，筹建全国首家装备制造领域的专业保险公司——珠海横琴久隆财产保险公司。

表 2-2　　2015 年广东省保险公司情况

项目	数量
总部设在辖内的保险公司数（家）	25
其中：财产险经营主体（家）	7
人身险经营主体（家）	9

① 根据广东省地方金融监督管理局公开数据整理。

续表

项目	数量
保险公司分支机构（家）	90
其中：财产险公司分支机构（家）	40
人身险公司分支机构（家）	50
保费收入（中外资，亿元）	2814
其中：财产险保费收入（中外资，亿元）	923
人身险保费收入（中外资，亿元）	1891
各类赔款给付（中外资，亿元）	988
保险密度（元/人）	2594
保险深度（%）	3.9

■ 证券业规模显著提升

机构数量和资产规模进一步增加，改革创新步伐加快。2015 年末，广东省法人证券公司、基金公司分别比上年增加 2 家和 3 家。证券、期货公司总资产和净利润同比增速均超过 50%；基金规模和净值进一步扩大。机构创新步伐加快，广发证券推出国内首支券商版余额宝“淘宝钱包”，广州证券、东莞证券和万联证券取得全国股份转让系统做市业务资格。全年新增上市公司 34 家，总数达到 424 家（见表 2－3）。2015 年，广东省法人证券公司股票基金交易额比上年增长近 3 倍，期货公司代理交易额同比增长 130%。在成交量迅速增长带动下，上市公司再融资同比增长 2.5 倍。①

表 2－3　　2015 年广东省证券业情况

项目	数量
总部设在辖内的证券公司数（家）	25
总部设在辖内的基金公司数（家）	28
总部设在辖内的期货公司数（家）	21

① 根据广东省地方金融监督管理局公开数据整理。

续表

项目	数量
年末国内上市公司数（家）	424
当年国内股票（A股）筹资（亿元）	1114
当年发行H股筹资（亿元）	—
当年国内债券筹资（亿元）	2155
其中：短期融资券筹资额（亿元）	-34
中期票据筹资额（亿元）	852

■国际金融业务良好，金融机构集聚

衡量一个国际金融中心的国际竞争力时，需要考虑其是否需要具有国际外汇交易、国际银行贷款、跨境兼并金融服务，以及国际债券发行与交易等方面业务的能力，而跨国公司则是这些金融活动的重要参与者和国际金融中心服务的主要对象。广东作为我国金融机构对外开放的前沿阵地，跨国公司在其金融体系占据重要比例。到2016年，已有来自全球19个国家和地区的58家外资金融机构在广东省内设立了263家外资银行营业性机构，广东已成为全国外资银行最多的省份。其中，7家香港银行的14家分行在广东的20个城市设立了66家异地支行，填补了粤东、粤西、粤北等11个偏远城市外资银行金融服务空白。①

4. 经济规模强大

改革开放以来，广东省凭借优越的区位优势和政策优势，并且得益于其妥善高效承接世界发达经济体产业梯度转移而带来的制造业水平的快速提升，经济金融总量从开放之初处于全国中下游水平迅速向前跃进。从20世纪90年代初开始，广东的国民生产总值跃升至全国首位，经济总量先后于1998年超越新加坡，2003年超越中国香港，2007年超越中国台湾。截至2016年，广东作为第一经济大省已经连续28年经济总量位居全国第一，从表2-4数据可以看出，广东省2007~2016年经济发展速度虽有所减慢，

① 根据广东省地方金融监督管理局公开数据整理。

但仍保持全国前十的位置，经济总量保持平稳速度增长，占全国 GDP 比重较高。

表 2-4　　广东省历年经济发展情况

年份	全国		广东		广东 GDP 占全国 GDP 比重（%）
	GDP 总量（万元）	增速（%）	GDP 总量（万元）	增速（%）	
2007	246619	11.4	30673.71	14.5	12.44
2008	300670	9.0	35696.46	10.1	11.87
2009	335353	8.7	39081.59	9.5	11.65
2010	397983	10.3	45472.83	12.2	11.43
2011	471564	9.2	52673.59	10.0	11.17
2012	519322	7.8	57067.92	8.2	10.99
2013	568845	7.7	62163.97	8.5	10.93
2014	636463	7.4	67792.24	7.8	10.65
2015	676708	6.9	72812.55	8.0	10.76
2016	744127	6.7	79512.05	7.5	10.69

资料来源：《中国统计年鉴（2017）》。

如果把广东作为独立的经济体，其经济体量（11578.8 亿美元）已经直逼全球排名第 14 位的西班牙（12521.6 亿美元）。同时，随着我国经济进入新常态以来广东省大力调整产业结构，推动经济转型升级，经济趋稳向好，结构不断优化，2016 年人均 GDP 已超 1 万美元。

5. 对外经济交流活跃

改革开放以来，广东省以优惠的投资政策，靠近港澳的地理优势以及廉价的劳动力成本，吸引了大量海外资本到广东投资。从数量上看，截至 2015 年末，广东实际外商投资企业 11.12 万户，注册资本 3906.14 亿美元，外资企业数量居全国第一。从规模看，广东利用外资规模一直居于全国前列，"十二五"期间共实际利用外资 1260.6 亿美元，占全国实际利用外资比重的 21.1%（见表 2-5）。从对外贸易来看，广东省外贸一直稳居全国外贸进出口冠军。《中国统计年鉴（2016）》数据显示，2015 年，我国进出口总额在全国排前三位的是广东、江苏、上海，分别为11658.6亿美元、5810.4亿美元、4230亿美元。三省市共占全国进出口总额比重的54.8%，其中，广东省比例占到29.5%。由此可见，广东省在建设国际金融中心方面吸引外资的优势是独一无二的。

表2－5　“十二五”期间广东省利用外资情况

年份	全国实际利用外资（亿美元）	广东省实际利用外资（亿美元）	广东利用外资占全国比例（%）
2011	1177.0	223.3	18.97
2012	1132.9	241.1	21.28
2013	1187.2	253.3	21.33
2014	1197.1	272.8	22.79
2015	1262.7	270.3	21.40

资料来源：广东省统计信息网、国家统计局。

6. 商业环境良好

自然环境。广东省东邻福建，北接江西、湖南，西连广西，毗邻港澳，西南与海南相望，是华南地区、东南亚经济圈的中心地带。广东地处亚热带，是全国光、热和水资源最丰富的地区之一，全省年均气温22.3℃，降水充沛，年均降水量在1300～2500毫米之间。广东是著名侨乡，祖籍广东的港澳同胞、华侨、华人3000多万人，遍布世界五大洲100多个国家和地区。

人文环境。广东具有悠久的商贸历史，是中国历史上最早的通商口岸之一和著名的“海上丝绸之路”的起点，也是我国现代工业和民族工业的发源地之一。广东善于吸纳世界各地的文化精髓，与之兼容并蓄，具有包容、务实、开放和创新的特点，一直都是我国改革开放的前沿和开展国际经贸合作的窗口。

7. 完善的基础设施

交通：广东是中国高速公路最发达的省份之一，与周边福建、广西、湖南、海南等省份均连通高速公路、铁路，成为华南地区的交通枢纽。广东已形成以广州、深圳、珠海、汕头、湛江五大港口为枢纽港，佛山、东莞、中山等中小港口作为支线或补给港的运输港口格局。广东拥有全国三大航空枢纽之一的广州白云国际机场以及深圳、汕头、珠海、佛山、湛江、梅州七大民用航空机场，是中国机场分布密度最高的地区。

供水：广东优越的地理位置和气候条件，使水资源量相对较为丰富。目前广东水价在全国处于中等偏下水平。供电：广东电力资源丰富，2014年全省电力装机容量约8000万千瓦，核电装机容量居全国首位。通信：广东的邮电通信业务量连续10年在全国保持领先地位。全省已形成以微波、光缆、明线微波、卫星传输等手段和程控交换设备为主体的通信网络。截至2014年，全省电话用户总数达到17806万户，约占全国的12%，基本达到全省人手一部固定电话或移动电话；国际互联网用户达2154.3万户。排污：2004年广东省城镇污水处理厂增加到61座，日污水处理能力达519万吨。珠江两岸综合整治工程部分污水处理厂已投入使用，山区、东西两翼地区排污能力得到进一步加强。环保：2004年广东省环保工程重点项目建设进展顺利，全年安排环保项目37个，总投资249亿元，全年完成投资32.2亿元。[①] 全省环保事业向减少环境污染、优化生态环境、改善人民生活质量、促进经济社会协调发展迈出了坚实的一步。

四、广东省建设国际金融中心的机遇

党的十八大以来，广东着力提升对外开放水平，践行开放发展理念，紧紧抓住国家“一带一路”倡议实施、粤港澳大湾区建设等重大机遇，以开放的主动赢得了发展的主动、国际竞争的主动，开放型经济实现“螺旋式上升”，在全国对外开放格局中的地位进一步增强。广东开放水平的提升和国家经济的快速增长，也成为广东打造国际金融中心的机遇。

1. 人民币国际化助推广东省建设国际金融中心

伴随着经济危机的影响与重创，美国经济增长方式的弊端逐渐呈现在

① 国家统计局：《中国统计年鉴（2016）》，中国统计出版社2016年版。

世界各国的面前，而中国经济规模的迅速壮大，经济增长的速度极快，甚至远远高于美国。此种情况下，美国作为国际货币的提供者，货币增量地位受到挑战，国际上对美元所提出的要求也越来越高，致使美元的国际货币地位随之陷入了尴尬的境地。而基于经济多元化发展的趋势下，人民币国际化具备了这一潜力与条件，在进出口贸易迅速发展的过程中，人民币输出具备了基础，并且中国现有的经济实力，足够为本币提供充足的物资保障。中国经济增长率居高不下，经济增长总量已排名世界第二，同时，中国为经济的持续增长提供了良好的环境，因此，人民币国际化发展趋势下我国构建国际金融中心具备了前提条件（刘东阳，2016）。

自2009年7月7日起，广东省广州、深圳、珠海和东莞四个城市率先开展跨境贸易人民币结算试点工作。“十二五”期间，广东与港澳地区的跨境人民币结算业务量由2010年的1132.6亿元上升至2015年的2.3万亿元；累计达6.5万亿元，占全省跨境人民币结算业务的73.4%，其中，广州共办理跨境人民币结算业务5274.94亿元，同比增长28.1%；深圳市累计办理跨境人民币4.31万亿元，交易涉及153个国家和地区，其中香港的业务量占71.32%，高于全国平均水平。从全国来看（见图2－4），广东（含深圳）辖内银行办理跨境人民币结算金额从2010年的3372亿元增加至2015年的43967亿元，年均增速达到67%；同期，全国办理跨境人民币结算金额从2010年的5063亿元增长至2015年的72300亿元。从广东（含深圳）在全国占比来看，2011年跨境人民币结算在全国逐步推广后，广东（含深圳）当年全国占比有所下降，随后又逐步提升，到2015年恢复到61%的水平，居全国第一。①

2. “一带一路”建设为广东金融开放打开窗口

在已公布的“一带一路”建设规划里，广东被赋予了重要定位和使命。广东在“21世纪海上丝绸之路”建设中具有独特优势，作为海上丝绸之路历史最长、港口最多、航线最广的大省，区位优势明显。广东应紧紧抓住这一契机，以自贸试验区为平台，推进与“21世纪海上丝绸之路”沿

---

① 根据广东省地方金融监督管理局公开数据整理。

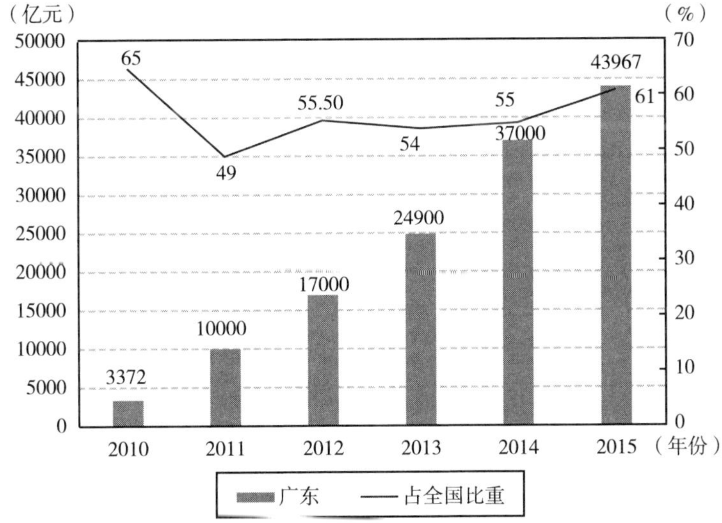

图 2－4　2010～2015 年广东（含深圳）跨境人民币结算金额及其占全国比重

线国家和地区的金融合作，探索与国家丝路基金合作设立广东海上丝绸之路基金。

随着我国“一带一路”建设的启动，广东金融业积极贯彻国家政策，对接“21 世纪海上丝绸之路”沿线国家重点项目的金融合作机制框架，包括中国—东盟银联体、金砖银行合作机制等，包括授信、联合融资、直接贷款等多元化投融资合作模式。银行业等金融机构通过“一揽子”金融服务、创新金融产品等双边、多边融资方式，同时开辟“一带一路”金融高速路，助力企业“走出去”。广东与“一带一路”沿线国家贸易稳步增长。2016 年，广东对沿线国家累计进出口 1.3 万亿元，同比增长 6.5%。[①] 跨境人民币业务创新的进一步深化，也有效促进了“一带一路”贸易投融资活动便利化。

3. 粤港澳大湾区建设推动广东金融开放

2015 年 3 月，在“一带一路”建设规划中，“粤港澳大湾区”概念首次被明确提出。2016 年，“粤港澳大湾区”被写入国务院《关于深化泛珠

---

① 广东省统计局：《2016 广东宏观经济年报》。

三角区域合作的指导意见》、国家“十三五”规划等，要求建设世界级城市群。国家发展和改革委员会也于2016年印发通知，提出2017年启动珠三角湾区城市群等规划编制，将香港、澳门和珠三角九市作为一个整体来规划。2017年3月，国务院政府工作报告中首次出现“粤港澳大湾区”。在十二届全国人大五次会议的开幕大会上，李克强总理所作的政府工作报告明确提出，要“推动内地与港澳深化合作，研究制定粤港澳大湾区城市群发展规划，发挥港澳独特优势，提升其在国家经济发展和对外开放中的地位与功能。”粤港澳大湾区这一由深圳率先提出并积极倡导的构想，继先后写入广东省和国家的“十三五”规划纲要后，又首次写入总理政府工作报告中，将在国家战略层面加快规划发展。

香港金融服务业优势明显，作为处于领导地位的国际金融中心，资本市场的实力毋庸置疑，在私募基金市场方面的发展亦是亚洲区内翘楚。广东可以在粤港澳大湾区建设发展中充分借鉴学习港澳的金融业发展，并扩大与港澳的金融开放合作。

五、存在的问题

1. 金融开放不足

广东的金融对外开放程度落后于上海。一方面，广东企业利用香港资本市场进行直接融资的进展较慢。在“十二五”时期，广东只有4家企业赴港发行人民币债券，还未有企业在香港成功发行人民币股票。另一方面，广东企业直接在香港上市的数量较少。“十二五”时期，广东只有4家企业直接在香港上市。

2. 金融管理体制建设有待完善

近几年，国家赋予省级部门许多新的金融机构职能和风险处置责任，包括金融改革设想试点、各类交易场所清理规范、防范和处置非法集资、互联网金融专项整治、网贷机构日常监管和风险处置等。然而按照广东省人民政府金融工作办公室现有的机构和职能设置，监管权威性不足，人手短缺，长期存在“小马拉大车”的问题。

（1）法定依据相对不足。现有金融法律中基本没有地方金融管理职责的规定，地方政府组织法规中也缺少地方金融管理方面的内容，存在权责不对等问题。金融监管属于中央事权，金融办对城商行、农信社等地方法人金融机构没有监管权，无法及时获取有效的监管信息，然而这些金融机构出现问题后，地方政府和金融办又必须承担风险处置的责任。

（2）工作抓手较少。对于各类持牌金融机构，包括地方国有资本出资设立的金融控股集团、法人金融机构等，金融办处于“人、财、物”三不管，在推动金融改革创新时抓手不足。

（3）地方政府的金融事务决策权力受限。在我国现行的金融监管制度下，金融事务的决策权力高度集中于中央政府，因此，地方政府在推动本地金融业发展时，直接介入金融事务的空间极为有限，特别是在金融机构的设立和金融创新方面，没有中央政府的授权及政策许可，将很难有所作为。从这个意义上说，广东构建国际金融中心，将在很大程度上受到制约，因此，争取中央政府的支持也是一项重要的工作。

3. 金融交易平台辐射力不足

金融市场交易平台是金融中心辐射力的最重要载体，也是评判金融中心层级的重要标准之一。一般而言，拥有全国性的市场交易平台，就有可能成为全国性的金融中心城市，而拥有区域性的交易平台，只能成为区域性的金融中心城市。目前，上海有证券交易所、期货交易所、金融期货交易所，这些都是全国性的市场交易平台。而广东省内只有深圳有证券交易所这一全国性交易平台。广州一直在努力发展市场交易平台，目前拥有广州股权交易中心、广州碳排放权交易所、广州金融资产交易中心等区域性市场交易平台，但没有一家全国性的市场交易平台，辐射带动能力受到很大制约（危勇、麦伟豪，2016）。

4. 金融市场体系发育不够完善

从现有市场运行来看，广东虽然已经建立起证券、外汇、期货、黄金等金融要素市场，但与纽约、伦敦等城市相比，在规模和对全球经济的影响力等方面还有一定的距离，交易规模和交易品种差距明显。同时，金融创新受到严格管制，在市场交易主体国际化和业务国际化方面，广东与这些城市也还存在一定的差距。各金融市场分属不同行政部门管理，缺乏内在关联，各金融市场间资金缺少流动，价格关联性较弱；金融产品的类型、数量、价格存在行政管制，市场参与主体有限，导致市场的资源配置功能难以有效发挥。

5. 高端专业金融人才缺乏

广东就业人口以制造业、农业及批发零售业为主，金融就业人口 2011 ~ 2016 年占总就业人口比例均不足 1%。据统计，世界上的国际金融中心城市，一般有 10% 以上的人口从事金融业，我国目前最大的金融城市上海占比约为 3%。[①] 因此，当前广东的就业人口数量和质量都远远无法满足广东建设国际金融中心的人才需求。

（1）人才数量严重不足。凭借经济优势与金融产业的发展，珠三角吸引了大量来自国内外的金融人才。然而，由于珠三角的产业结构以劳动密集型产业为主导，金融业发展相对滞后，导致金融人才的数量严重不足，因而金融业加快发展的人才储备较弱。随着珠三角产业结构的转型升级，金融业逐步发展成为主导产业，金融人才短缺问题日益严重。更为严峻的是，由于珠三角长期以来的薪酬优势逐步丧失，加上管理的制度化、规范化以及人本化发展滞后，导致劳动关系紧张，不仅造成大量人才流失，而且降低了人才吸引力。加之金融教育发展相对滞后、金融机构不注重人才培养等原因，进一步造成金融人才供给不足且增长缓慢，无法满足广东省建设国际金融中心所迫切需要的大规模的金融人才需求。

（2）人才素质的整体水平亟待提高。国际金融中心的建设更注重对人才素质的要求。虽然珠三角金融人才队伍素质的整体水平取得了显著进步，然而仍无法满足金融中心建设所必需的拥有丰富国际金融经验人才的

① 付宇涵：《我国金融业的劳动力统计分析——基于劳动人数与劳动报酬统计》，载于《现代商业》2010 年第 7 期。

迫切要求。不仅如此，与国内许多发达地区，尤其作为主要竞争对手的京津冀、长三角相比，珠三角金融人才队伍素质的整体水平并不具优势，甚至处于劣势。这既与珠三角金融教育职业培训发展的长期滞后有关，也与优质人才引进的力度欠缺密切相关。金融人才队伍素质的整体水平偏低，势必会影响广东省国际金融中心的建设，因此亟待提高。

六、面临的挑战

随着全球经济结构的调整，各国金融中心之间竞争激烈，使得国际金融中心的格局不断发生变化。同时，国内各大城市更加认识到金融业对于促进实体经济发展、提升中心城市核心竞争力、增加地方财力等方面的重要作用，不断加大对金融产业发展的支持力度，极力争夺金融机构、平台、政策试点和高端人才，对广东形成较大的外部竞争压力。

1. 强劲的金融中心竞争

金融产业发展面临激烈的国际竞争。国际金融竞争已随着经济全球化和区域经济一体化的发展日趋激烈，发达国家的全能银行模式和高效金融监管体制具有强大的国际竞争力。随着我国金融产业对外开放的扩大，内资金融机构将面临巨大的挑战。因此，广州构建国际金融中心将面临激烈的国际金融业竞争和国外金融中心的竞争。各国均把建设和保持国际金融中心的主导地位作为一项重要的政治、经济发展战略，导致建设国际金融中心的竞争也在加剧，这也是各国争夺世界经济发展主导权的竞争。从世界经济发展的历史和国际金融中心演进的规律来看，经济实力日益强大的国家内都会形成服务于本国经济对外交往的国际金融中心。

国内构建金融中心的竞争也非常激烈。经济金融全球化及我国金融业全面开放为广州金融业发展带来了新的挑战。《广州区域金融中心建设规划（2011—2020 年）》中指出，国内中心城市金融业竞相发展的态势既给广州带来向上的动力，也带来资源分散、竞争加剧的压力。近年来，国内不少中心城市提出建设金融中心的目标，纷纷出台支持金融业发展的政策措施。广州如不加快发展，将可能在新一轮的金融竞争中处于不利地位，甚至会弱化广州中心城市的功能。尤其是近些年金融业发展迅速的深圳，将对广州国际金融中心的构建形成挑战。随着金融在经济发展中地位日益重要，在华北地区，天津、大连都在争取成为区域金融中心。在华南地区，作为我国金融改革开放先行地区的上海，提出了到2020年基本建成亚太地区金融中心，并向世界级金融中心迈进；南京、杭州、广州、深圳等也纷纷开始推行成为区域金融中心的计划。在华中地区，郑州、武汉提出建设区域金融中心的构想。在西北地区，兰州和西安都在争取成为该地区区域金融中心。在西南地区，重庆和成都也在争取成为区域金融中心。这些中部与西南地区金融城市的兴起将会与沿海地区争夺建设国际金融中心城市所必需的资金和人才资源。

2. 金融开放可能引发的系统性风险

在世界经济的发展过程中，金融开放的提速通常也伴随着金融风险的加剧。尤其是很多新兴市场国家，在金融市场开放进程中或者开放后，均遭遇了不同程度的金融危机的冲击，有些国家的经济快速增长进程甚至因为金融危机的爆发戛然而止。创建国际金融中心意味着金融市场更加开放，也因此更容易受到国际和国内金融危机的冲击，金融危机的传导必然首先落实在金融中心地区。同时，大量金融机构在某个特定地区集中意味着一旦发生金融危机，就将对当地经济发展和社会稳定造成强烈冲击，特别是由银行倒闭所造成的损失是非常巨大的。

金融业开放包括金融市场的开放，外国金融机构的进入加剧了竞争，有可能会导致东道国金融体系更加脆弱，束缚东道国利用金融压抑和金融干预作为经济发展手段的运用，限制东道国经济发展模式选择，威胁一国金融安全，甚至会使东道国丧失经济、政治和文化的独立性。资本与金融账户的开放，为国际资本自由出入创造了制度条件，极有可能放大资本市场“情绪”，形成资本市场风险的“滚雪球效应”（张小波，2011）。

第三章

国际金融中心建设的经验借鉴

一、国际金融中心发展研究

1. 旧金山湾区

旧金山湾区位于美国西海岸，以旧金山市和硅谷为核心，包括奥克兰、圣何塞等9个县市，面积1.8万平方公里，2015年人口765万人，GDP总量7855亿美元。目前，旧金山湾区已经成为全球性的科技产业创新中心，形成涵盖公共政策、科技金融、高等院校、高端人才服务的立体式、网络化的产业创新体系。而硅谷则是世界级创新中心区的中心枢纽城市，主要承担湾区科技创新枢纽和科技金融枢纽功能。

旧金山湾区有全球最好的自然气候，以环境优美、科技发达著称，湾区最著名的城市包括旧金山市、奥克兰市和圣何塞市，其中旧金山是中心城市。众所熟知的硅谷位于圣何塞，尽管该地区人口不到全国的1%，但却创造了美国5%的GDP。受到硅谷这一闪耀亮点的支撑，旧金山湾区不仅驻扎着30多家私人创业基金机构，而且全美国超过40%的风险资本集中于此，撬动着技术与产业的扩张，最终孕育出了谷歌、苹果、脸谱与英特尔等全球知名企业。高科技的发展需要依靠人才，而人才喜欢集聚在气候环境条件好的湾区。旧金山湾区因气候环境宜人，集聚了越来越多的高科技人才，科技发展迅猛。目前，旧金山湾区拥有举世闻名的硅谷和斯坦福、加州大学伯克利分校等20多所著名大学，还分布着航天、能源研究中心等高端技术研发机构，引领着全球20多种产业的发展潮流。

在科技金融领域，旧金山湾区具备健全的资本市场、多层次的商业银行体系和享受政府金融支持政策的科技金融体系。尤其是硅谷风险投资和硅谷银行独具特色。旧金山湾区是美国乃至世界风险投资行业最发达的地区，拥有1000多家风投公司和2000多家中介服务机构，80%以上的风险基金源于私人独立基金，风投市场份额占全美的一半。已有200多家风险资本支持的硅谷公司在纳斯达克上市，包括闻名世界的英特尔、谷歌、苹果、思科等跨国企业。风险投资将资本集中投入在创新企业的起步期和成长期，充足的资本正好满足了处于创业阶段的中小型科技企业融资需求，凸显了风险投资的孵化器功能。另外，硅谷银行作为美国最成功的科技商业银行，占据了美国创业风险贷款的大部分市场份额，极大促进了金融系统对湾区高新技术产业的信贷支持。

2. 东京湾区

东京都是日本最大的工业城市群和最大的国际金融中心、交通中心、商贸中心和消费中心；也是日本重要的能源基地、国际贸易和物流中心。东京湾区在港口经济和工业经济发展与升级的基础上形成，面积1.69万平方公里，人口3800万人，GDP约17100亿美元，经济总量占日本全国的1/3，工业产值占全国的40%，城市化率高达80%以上。东京的国际金融中心地位，是在东京都制造业兴盛的过程中逐渐确立起来的。

从交通和基础设施网络来看，东京湾区已经形成了合理的城市群布局和密集发达的现代化交通网络，人均铁路长度达0.72公里/万人，拥有首尾相连、分工明确并相互协调的横滨港、东京港等六个主要港口。东京都市圈是城市交通基础设施网络最密集的地区，拥有全日本最密集的环状铁路网和最密集的高速公路网，形成成熟的高速公路—城区地铁—城市轻轨—城际高铁的立体交通网络。东京都市圈拥有最为密集的轨道交通网，其地下轨道交通线有14条之多，再加上京滨东北线、中央线、总武线等过境铁路和各类轨道交通，东京的城市轨道交通形成了非常便捷的交通网络。以东京市区为中心的30～50公里内是城际轨道交通的重点布局区域，城际轨道占轨道交通客流的77%，而东京则是湾区交通网络的枢纽，是环状交通圈层的中心。

东京是东京都的产业枢纽，其产业的集聚和扩散带动着整个湾区工业产业的发展和产业结构的升级。东京湾区产业经济带以东京为中心，以京滨、京叶两大工业区为延伸，以关东平原为腹地，包括东京、横滨、川崎、千叶、横须贺等几个大中城市，是日本最大的工业区，也是以钢铁、石油冶炼、石油化工、精密机械、商业服务为主的综合性工业区。东京都市区功能演进与东京湾经济带发展过程大致可分为三个阶段：20 世纪 60 年代前京滨、京叶两大工业区产业聚集和企业集中的初级工业化阶段；20 世纪 60 年代开始重化工业向外扩散阶段；20 世纪 80 年代之后京滨、京叶两大工业区重视发展知识技术密集型产业阶段。随着湾区港口经济向工业经济和服务经济升级，重化工、机械电子等工业逐渐从东京中心地区迁移至横滨、川崎等城市，进而发展为京滨、京叶两大以汽车、精密机床、电子产品、钢铁、石油化工、印刷出版等产业为主的综合性工业聚集带。在重化工业外迁之后，东京产业结构以对外贸易、金融服务、精密机械、高新技术等高端产业为主，重点布局高附加值、高成长性的服务性行业、奢侈品生产和文化创意业。东京湾逐渐形成了高度集中、分工合理、合作有序的全产业体系，是亚太航运中心、制造业基地、金融中心和信息中心与日本的能源基地。

从知识枢纽发展来看，东京汇聚了许多具有技术研发实力、产业创新能力的大企业和研究机构，如 NEC、佳能、三菱、丰田研究所、索尼、东芝等，整体提升了京滨工业区的管理和科技研发能力；大批日本著名高校入驻，主要有庆应义塾大学、武藏工业大学、横滨国立大学等。京滨工业区积极搭建专业产学研协作平台、合作机制，建立起更有竞争力的科技创新体系。大学与企业合作开展研究，推动大学科研成果转化为产业化应用；改革体制激发创新活力，日本将原来隶属于多个省、厅的大学和研究机构转为独立法人实体，赋予这些机构更大的行政权限。同时把科研主体放在企业，每年企业研发经费的投入占日本 R&D 经费的 80% 左右。通过产学研体系的协调运转，较好地发挥了各研究部门联合攻坚的积极性，提高了东京湾区的科创水平。最后，高质量人力资源较为丰富。湾区集中了日本 27% 的大学生，东京还拥有占全国 1/3 的研究和文化机构，其中大部分是国家级的。而且，东京吸引大量的科研机构在此聚集，尤其是那些与首都活动和产品研发关系密切的科学、工程研究部门。在东京，受过高等教育的人口占总人数的34.27%。从而使得京滨工业区具有很强的管理和科技研发能力。①

伴随着东京产业的优化升级，制造业的国际化水平不断攀升，日本金融行业也在开展多项有针对性的金融改革和金融创新，逐步采取利率自由化、经营业务领域自由化、金融市场和产品自由化、开放国内金融市场和日元国际化等多项改革措施，货币市场和外汇市场迅速发展。1986年，东京离岸国际金融市场正式开业。东京离岸金融中心迅速发展，同时原有的各类金融市场也不断拓展，东京很快发展成为世界主要的国际金融中心之一。目前，东京已成为亚洲货币市场中心，也是三大国际性同业拆借市场之一和世界上最大的证券交易中心之一。东京外汇市场为当今世界仅次于伦敦和纽约的第三大外汇市场，年交易量居世界第三。

3. 纽约湾区

纽约是世界级的金融中心、商业中心，集中了世界金融、证券、期货及保险等行业的精英，全球500强企业中，有近60家总部设于纽约。国际大投行如高盛、花旗银行、摩根士丹利、摩根大通、纽约联储银行、纽约证券交易所、新闻集团、彭博资讯集团等总部均在纽约。在国际金融中心排名中，纽约仅次于英国伦敦，处于第二位。纽约的金融市场非常活跃，外汇交易量约占全球的16%，衍生金融工具的成交量约占全球的14%，外国债券发行量的市场份额约为34%。纽约的对外贸易周转额占全美的1/5，制造业产值占全美的1/3。全美最大的500家公司中有超过1/3的总部设在纽约都市区范围内。美国7家大银行中的6家，2900多家世界金融、证券、期货及保险和外贸机构均设于此。

纽约之所以成为世界上最大的货币市场、资本市场和第二大的外汇市场，与美国经济实力的增长、美元地位的加强、纽约独特的地理位置密切相关。纽约作为重要的国际金融中心的地位，是第一次世界大战后随着美国经济实力的增长而确立起来的，并在第二次世界大战中得到进一步加强。美国凭借其在战争时期膨胀起来的强大经济和金融实力，建立以美元

① 张馨水：《北京CBD高端培训投资研究》，首都经济贸易大学硕士论文，2012年。

为中心的国际货币体系，使美元成为世界最主要的储备货币和国际结算货币。由于纽约在金融服务水平、科技实力、设施状况等方面都位于世界前列，因此其国际金融中心地位处于长期稳定的状态。20 世纪 80 年代以前，纽约属于传统的国际金融中心，主要经营在岸金融业务。1981 年 12 月纽约“国际银行设施”（International Banking Facilities，IBF）正式开业后，纽约国际金融市场又增加了国际离岸金融业务。纽约国际金融中心的金融机构由纽约联邦储备银行以及商业银行、外国银行和其他金融机构组成。外国银行在美国设立的分支机构有 90% 以上设在纽约，它们和纽约国内银行一起，形成了强大的国际金融力量。这些都为纽约金融市场的进一步发展创造了条件，加强了它在国际金融领域中的地位。

纽约的金融地位主要由三个方面促成。一是投资的高度集中，资本流向迅速聚集。纽约曼哈顿吸引了规模庞大的公共投资和私人资金，为金融业发展提供了必要的资本要素。二是金融高端人才的高度聚集。这里的居民无论在教育程度还是收入水平上均远远超过湾区的其他区域，居民以受过高等教育的职业经理和专业技术人员居多，他们成为金融服务供求的主要来源。三是政府的大力支持。通过加大产业研发投入、减免税收、政府采购及信贷优惠、降低专业移民限制等政策工具推动金融服务业集聚。

二、国际金融中心形成的经验借鉴

1. 稳定的经济政治环境

作为国际金融中心的城市或是地区，其自身的高速经济增长是成为国际金融中心的一个必要条件。强劲的经济增长对于国际资本是极富诱惑力，从而对国际资本形成吸收作用。同时，大量的国际游资进入该地区，无论是进入实体经济部门还是虚拟经济部门，都会增加对金融中介的需求。资本逐利的本性会进一步增加对金融产品、金融衍生品的需求，进而刺激和推进该城市或是地区金融部门及金融业务的不断开拓和发展，促进整个金融市场的发展。因此，经济因素是影响国际金融中心形成的一个相当重要的因素（刘轶，2010）。

政治因素作为非经济类因素，对一个国家或是地区能否成为国际金融中心也有着重要的影响作用。政治环境不直接作用于经济运行，却为经济运行提供引导和保护，有些时候却又成为经济发展的阻碍和羁绊。政治的稳定性往往是国际游资和外商进入该地区投资所要考虑的一个重要问题，不稳定的政局或是过于封闭的政治环境，都会减少游资的进入。所以，政治因素也是一个国家和地区能否成为国际金融中心的重要影响因素。

2. 高度发达的金融市场

作为金融市场活动中心的国际金融中心必须要有多样化、多元化的金融机构存在。这些金融机构可以根据各自业务的侧重，推出多样化金融工具和金融商品，创造良好的投资环境，吸引政府、企业和居民成为各种金融商品的买者与卖者。同时，国际金融中心的形成要求一国的金融市场形成完善的体系，该体系应包括货币市场、资本市场、证券市场、外汇市场、保险市场、黄金市场、基金市场、离岸金融市场等（叶亚飞、李一石，2017），并达到较为密集的程度，伴有大量的资金集散和融通。资金的活动对利率和行市具有高度的敏感性。

国际金融市场是在国内金融业务发展的基础上和国际金融业务活动不断增长的条件下产生的。一个国家只有金融体系健全、金融机构成熟发达、金融法规完善透明、金融工具种类多样和信用制度发达完善，并且能方便快捷地进行资金的筹集和运用，才能形成一个正常运转和安全高效的国际金融中心。在国际金融中心，资金的筹集和使用成本都会低于其他非国际金融中心，而获得的报酬却高于其他非国际金融中心。因此，国际金融中心对该城市或是地区的金融市场的发展水平、成熟程度以及开放程度都有着很高的要求。

3. 宽松稳健的金融环境

一个自由的金融环境是金融中心得以孕育和诞生的重要基础。此处以美国纽约和欧洲美元市场为例进行说明。美国纽约在发展初期便拥有较欧洲传统金融中心更为宽松和自由的金融氛围，正是这种简约而高效的金融文化，吸引了具有冒险精神和创新能力的各行精英，并使他们一展抱负。金融自由的作用还体现在欧洲美元市场的形成和发展中。20 世纪 50 年代发生在大西洋两岸的美元资本大迁徙，其初衷就是要规避美国国内过于严苛的金融监管。

金融自由化为金融创新提供了适宜的土壤，现代金融市场中的各种股票、债券、混合证券、共同基金、工业康采恩以及众多的衍生产品都是金融创新的结果，金融创新一直并仍在不断地推陈出新，以满足各个时期划时代的经济变革。

金融自由会带来一定的金融风险及不确定性因素，这种风险表现出的隐蔽性、不确定性和巨大破坏性使金融自由带来的好处被大打折扣，甚至抹消。不仅是一些新兴国家，即使是已经形成稳定规模的国际金融中心，也面对着同样的考验。因此，稳定的金融环境至关重要，金融体系和制度设计成为当代国际金融中心形成的一个要件。一个好的制度基础不仅要在金融中心发展初期表现出很好的支持性，同样在其发展中也要能经受资本的冲击和时间考验。例如，日本由于主办行制度在金融风险识别、化解上的天生缺陷，导致其金融自由化后大量泡沫风险在银行系统内沉淀，表面上一派繁荣，实际上金融体系内部的资金链条已经相当脆弱。在日元升值和连续生息的内外困扰下，支持金融市场非理性繁荣的投资信心开始波动，并由此一发不可收拾。日本的教训说明，仅通过扩大规模而试图将金融风险存量化的方法没有出路。一个健全的金融制度，应当包含设计优良的金融风险转移和流转功能，以应对复杂的国际金融环境。因此，建立一个合理的金融制度是某一地区成为国际金融中心的先决条件，同时这也是历史和当代金融中心在内在共性上最为明显的衡量其是否完善的基础设施。

4. 丰富专业的金融人才

金融产业是人才密集型产业，发展和巩固国际金融中心最关键的因素即是人才的素质。高素质的人才包括金融人才和其他专业人才，是保证金融市场保持活力和富有创造力的源泉。高素质的金融人才能够保证金融市场的高效运行，并且能够不断地对金融产品进行创新，吸引投资者；电子信息人才、律师等相关行业的人才为金融市场的稳定运行提供支持和协助，也是不可缺少的部分。各个国际金融中心都拥有大批金融专业人才，他们既具备现代国际金融知识，又具有丰富的实际经验，拥有这些人才，能够为国际金融市场提供高质量、高效率的各种服务。

5. 宜居宜业的核心城市

金融业创新发展离不开特殊的空间载体，一定区域内的核心城市能更好地向金融业发展提供各项支撑。核心城市是湾区的金融、贸易和服务枢纽，其高度发达的金融业与现代服务业是湾区各类产业发展的重要支撑。金融业及以之为中心形成的现代服务业在湾区整体发展中起到关键作用，枢纽城市以各方面的优势成为湾区的金融中心，以其强大的金融实力和影响力位于区域产业链的顶层。产业的发展需要大量资金和生产性服务，三大湾区的核心城市都是金融业和现代化服务业高度聚集的枢纽。硅谷是美国风险投资的发源地，具有世界上最完备的风险投资机制，有上千家风投公司和数千家中介服务机构，风险投资规模占美国风险投资总额的 1/3。纽约是全球金融中心，汇聚了世界上市值最大的纽约证券交易所和市值第二的纳斯达克证券交易所，证券市场总市值占全球证券市场的 40%，股票交易量占全球的 45%；全球最大的 100 家银行中，90% 以上都在纽约设有分支机构。东京拥有全日本最大的东京证券交易所，是世界第二大证券交易市场，占日本全国证券交易量的 80% 以上。

第四章

广东省建设国际金融中心的战略构想

一、指导思想

深入贯彻全国第五次金融工作会议以及习近平总书记考察广东时的讲话精神，全面落实党的十九大战略部署，深化金融体制改革，增强金融服务实体经济能力，提高直接融资比重，促进多层次资本市场健康发展。大力优化金融服务体系，增强金融服务功能，促进金融深化发展，完善金融产业和城市空间布局，鼓励金融创新开放，加强金融风险防控，构建业态丰富、结构合理、服务高效、运行稳健的现代金融服务体系，实现金融发展与经济社会发展相适应。加快推进从金融大省向金融强省转变步伐，建设与国家经济强省地位相适应、与国家深化金融改革进程相一致、与中国（广东）自由贸易试验区建设相统一的国际金融中心。

二、基本原则

1. 回归本源，坚持服务实体经济

金融要把为实体经济服务作为出发点和落脚点，全面提升服务效率和水平，把更多金融资源配置到经济社会发展的重点领域和薄弱环节，更好地满足人民群众和实体经济多样化的金融需求。强化金融服务实体经济发展的基本功能，加快金融业从单纯资金要素保障向综合服务功能转变，引导金融机构增强主动服务意识，精准对接实体经济融资需求，增强对广东省重点产业的发展支撑，促进金融与科技、产业的有机结合，形成金融与

实体经济相互依存、互利共赢的和谐发展局面。

2. 明确定位，坚持服务经济产业大局

金融是现代经济的核心，金融安全是国家安全的重要组成部分。要紧跟现代化经济体系建设步伐，不断提高服务实体经济和供给侧结构性改革的能力与水平。落实好深化供给侧结构性改革的要求，通过完善信贷存量与增量并轨管理机制，优化存量资源配置，通过规范创新与多层次资本市场发展相衔接的多元投融资体系，扩大优质增量供给。落实好加快建设创新型国家的要求，促进创新驱动发展和新旧动能接续转换。以金融业的加快发展服务于广东建设金融强省的目标，以及率先全面建成小康社会、建立基本完善的社会主义市场经济制度、建立具有全球竞争力的产业新体系的大局。

3. 稳中求进，坚持改革创新与风险防范相结合

坚持稳中求进的工作总基调，遵循金融发展规律，紧紧围绕服务实体经济、防控金融风险、深化金融改革三项任务，创新和完善金融调控，健全现代金融企业制度，完善金融市场体系，推进构建现代金融监管框架，加快转变金融发展方式，健全金融法治，保障国家金融安全，促进经济和金融良性循环、健康发展。

全面推进金融改革创新综合试验区建设，推进金融重点领域和关键环节深化改革，成为国家金融改革创新的试验区和先行地（王宇，2017）。促进金融服务创新，引导新兴业态布局，率先推动更多依靠创新驱动、更多发挥先发优势的引领型金融发展。在创新的同时，同步构建完备的金融监管体系，同步发展风险管理相关的金融产品、服务和业态，提升识别风险、监测风险、管理风险和处置风险的水平与能力，严守不发生区域性、系统性金融风险底线。

4. 抓放得当，坚持政府引导与市场主导相结合

发挥市场在金融资源配置中的决定性作用。坚持社会主义市场经济改革方向，处理好政府和市场的关系。发挥政府在金融改革和开放创新

方面的保障与促进作用，强化政府对金融业发展的引导，建设市场服务体系，健全市场规则，维护良好市场秩序，完善金融生态环境，支持人才、机构和信息等金融资源集聚，提高金融资源配置效率，更好地发挥市场在资源配置中的决定性作用，促成金融业以市场为导向的排浪式创新发展。

三、战略目标及基本方向

以打造国际金融中心、建设金融强省为核心目标，以“强省评价指标体系”为指导框架，抓住粤港澳大湾区协同发展的重要机遇，重点创新发展互联网金融、风投创投等新兴金融产业，将广东打造为在亚太乃至全球具有较强集聚辐射力、以国内经济发展为依托、国际国内两个市场并重、与港澳金融互补发展的功能性国际金融中心。到 2020 年，金融业占 GDP 比重上升到 9% 以上，建成亚太区具有较强集聚辐射力的国际金融中心区域，打造出更多具有全国影响力的金融市场交易平台。

支持广东充分发挥商贸经济发达、产业体系健全、民间资本雄厚、对外交往活跃等比较优势，吸引各类金融要素在广东集聚，加快完善门类齐全、结构合理、服务高效、安全稳健的现代金融服务体系，推进建设与国家经济强省相适应，与国家深化金融改革进程相一致、与广东自贸区相呼应的国际金融中心，打造具有全国乃至国际影响力的财富管理中心和全球资源配置中心，助推广东金融强省建设，以及粤港澳大湾区的建设。

1. 抓住粤港澳大湾区建设的历史机遇推动金融改革创新

以全面深化改革、鼓励先行先试为动力，推动粤港澳金融改革创新发展；以强化区域的金融分工和合作，促进粤港澳三地金融领域优势互补为抓手，实现协调发展；以绿色金融助推区域内产业转型升级，实现粤港澳可持续发展为宗旨，实现绿色发展；以打造新一轮金融改革开放创新实验平台为契机，实现开放发展；以粤港澳金融改革创新一盘棋，辐射带动泛珠三角区域为使命，实现共享发展。

2. 打造成为国内互联网金融的先行地区和创新高地

按照“规范与创新并举、监管与发展并重”的原则和“鼓励创新，防范风险，趋利避害，健康发展”的总体要求，秉持包容态度和底线思维，把发展互联网金融作为当前广东省实施创新驱动发展战略的重要抓手。既从严规范，加强监管，又鼓励创新，有效扶持，积极建设广州、深圳互联网金融区域中心和佛山“互联网+”众创金融示范区。推动建设一批互联网金融集聚区域，设立一批互联网金融创新平台，打造2~3家互联网金融全牌照控股集团，形成一批互联网金融特色经营模式，扶持一批大众创业万众创新的优质项目，树立一批规范发展的优秀平台和创新典型。促进互联网金融行业规范健康发展，努力把广东打造成为国内互联网金融的先行地区和创新高地，为广东省推动大众创业、万众创新，促进实体经济发展和产业转型升级提供支撑。

3. 打造国际风投创投中心

风投创投作为支撑广东省打造国际金融中心、建设金融强省的重点领域，应在现有基础上，完善风投创投发展支撑体系，逐步建成国际风投创投中心。

近期（1~3年），形成完善的风投创投发展支撑体系。强化风投创投中心政策支持，完善相关配套政策，促进产业集群和风投创投中心落地。政府主导种子基金和引导基金，通过母基金和联合投资等方式与境内外优秀创投机构开展合作，引导社会资金投向广州。加速人才扶持与培养工作，形成多层级的人才培养工程，打好智力基础。完成两大中心、一个平台的建设——创投中心、科技创新中心和股权投资平台，提供完善的配套服务。

中期（3~5年），基本建成国际风投创投中心。营造国际化的营商环境，联合跨国企业建设孵化平台，打造国际金融的风投创投中心。基本建成国际风投创投中心，创业投资基金规模达到5000亿元以上，年投资规模达到1000亿元。

远期（5~10年），建成成熟的国际风投创投中心。完善风投创投中心的绩效评价制度，总结经验优化发展。形成具有广东特色的、多元化的、多层次的创新投融资支持成熟体系，为金融服务于创新、服务于实体经济、服务于对外开放助力，形成可借鉴、可复制、可推广的成功经验。

四、发展路径

广东省国际金融中心的建设类似于大多数国际金融中心的建设，具有路径依赖性和渐进性的特征，应遵循全国性国际金融中心—区域（亚洲）国际金融中心—全球国际金融中心的发展路径（见图 4－1）。

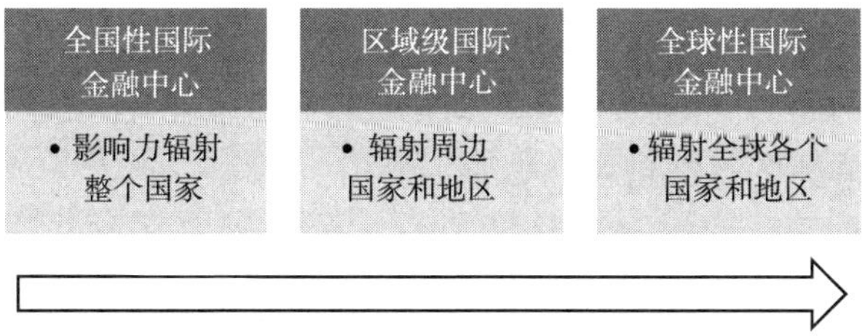

图 4－1　发展路径

■巩固国内金融中心的地位

在全球金融中心指数（GFCI）第 21 期中，我国内地金融中心迅速崛起，影响力剧增。其中，深圳在全球排名 22 位，在我国内地居第 3 位，深圳与排名前 20 位的金融中心差距正在进一步缩小；广州也首次进入排名，评分达到 650 分，排名全球第 37 位，被列入“国际性新兴金融中心”（见表 4－1）。中国目前两大证券交易所之一的深交所坐落于深圳，辐射全国证券市场。广州的碳交所是国家级碳交易试点交易所和广东省政府唯一指定的碳排放配额有偿发放及交易平台。

表 4－1　　GFCI 21 主要国家（城市）综合竞争力得分与排名

国家（城市）	得分	排名
伦敦	782	1
纽约	780	2
新加坡	760	3
香港	755	4

续表

国家（城市）	得分	排名
东京	740	5
上海	715	13
北京	710	16
深圳	701	22
广州	650	37
青岛	649	38
大连	597	75

资料来源：《全球金融中心指数（GFCI）21)》。

我国内地目前的国际金融中心，除了北京、上海之外，最具影响力的非广东莫属。随着广东金融改革创新稳定推进，金融市场进一步扩大，广东吸引了大量外资金融机构的集聚。2010 年 6 月，广东金融机构总资产（10.6 万亿元）首次超越香港。2009 年之后，广东实施珠三角金融一体化的战略。在这个战略中，香港、广州、深圳三大金融中心的关系被重新梳理，将依托香港带动广州、深圳等城市的发展。

■力争尽快在广东建设区域（亚洲）国际金融中心

随着国际金融中心的重要性日益凸显，当前对于亚洲国际金融中心的争夺尤其激烈，东京、香港、上海、孟买等都是有力竞争者。在这样一个区域化的竞争格局中，广东深化改革创新，在进行金融强省建设的基础上，继续不断深化金融改革创新进程，包括金融监管方式、金融组织机构、金融市场体系等全方位的进一步优化。

■逐渐实现广东国际金融中心的目标

粤港澳大湾区已经上升为国家战略，在广东金融中心建设过程中，与香港合作互补发展是必然趋势。广东在建设区域 IFC 的过程中，需要与香港等城市展开更密切、更深入的合作。香港作为国际金融中心，无论在监管方式，还是在产品创新、公司治理方面，都值得广东更深入学习。随着建设过程的深入，广东还可以出台更新一些政策吸引香港金融人才来粤。国际化高端金融人才的缺乏一直是广东金融发展的一个“瓶颈”。而香港凭借优惠的低税率制度以及实行国际化薪酬，在吸引人才方面具有内地所没有的独特优势，已经形成一个金融人才的蓄水池。

第五章

广东省建设国际金融中心的具体举措

一、继续提升广东金融创新能力和服务水平

1. 推动各类金融创新先行区建设

支持广州南沙、深圳前海蛇口、珠海横琴发展与产业布局相适应的特色金融业态，促进三大自贸片区金融业错位、均衡、有序发展。探索建立跨境并购中心、离岸人民币在岸交易结算中心等创新型平台。在风险可控前提下，积极探索争取个人资本项下跨境人民币的可自由兑换。支持自贸区内合格投资者双向投资境内外证券期货市场。鼓励外资股权投资、创业投资管理机构发起创业投资基金。推动自贸区内证券期货机构开展跨境经纪、跨境资产管理等业务（廖望，2016）。加快建设创新型期货交易所。积极争取政策，支持保险机构在自贸区开展保险产品服务创新试点。支持各自贸片区探索金融综合监管，完善金融风险防控体系。

2. 完善金融机构与市场体系，促进多层次资本市场健康发展

完善广东金融机构体系。通过市场化方式加快整合地方金融资源，打造地方金融龙头企业。支持省内有实力的金融机构开展金融综合经营试点。发挥金融控股公司资源整合、资本管理等优势，加快带动农信社、地方商业银行和证券公司改革重组及创建更多的新型金融机构。继续深化城市商业银行和农村商业银行改革，提高治理水平，开展差异化、特色化经营，积极稳妥地推进跨区经营，增强资本实力和核心竞争力。

健全多层次地方金融市场体系。继续支持深交所发展中小板、创业板。建设统一高效、功能完备的产权交易市场，积极支持产权交易市场创新和丰富交易品种，完善交易制度，规范交易流程；大力发展期货市场。充分发挥广东省重要物流中心和大宗商品交易中心的优势，加快粤港合作建设广州期货交易所，加快商品期货交割库建设；大力促进发展区域性金融要素市场。规范发展现有大宗商品远期交易市场，推进塑料、金属材料、粮食、煤炭、石油、钢铁、化工、木材等大宗商品交易中心建设。

3. 培育金融龙头企业

支持广东粤财投资控股有限公司、广东粤科金融集团有限公司、广东恒健投资控股有限公司等金融龙头企业发展综合经营，打造具有国际竞争力和行业影响力的金融龙头企业。

4. 完善地方金融组织体系

支持有条件的地市整合金融资源，推动符合条件的地方法人金融机构进行并购、重组，组建和发展地方金融控股集团。积极培育金融总部经济，大力发展创新型金融机构和金融市场交易平台，完善地方金融组织体系。探索建立对地方金融控股集团的监管机制，加强统筹监管。

5. 加强金融人才队伍建设

制定金融人才队伍建设规划，完善金融人才引进政策，建立市场化金融人才评选机制，依托“珠江人才计划”“领航人才”等引进高素质金融人才，鼓励国内和海外高层次的金融人才来粤工作。加大对地方金融人才培育力度，选派优秀金融人才担任（挂任）地方政府副职。创新金融人才培养方式，鼓励金融机构与省内高等院校建立金融产学研协作平台，共同培养高层次的金融专业技术人才和管理人才。建立金融人才奖励机制，对为广东金融强省建设做出突出贡献的金融人才给予奖励。

二、全面加强金融支持实体经济的能力

1. 着力发展科技金融

深入开展金融科技产业融合创新试验，推进金融科技产业融合发展，形成金融与科技对实体经济产业发展“双轮驱动”的新局面。对银行机构开展科技信贷政策导向效果评估，引导银行机构加强科技金融服务，创新组织架构和信贷管理机制，设立科技金融专营事业部和分支机构，开展科技金融服务和产品创新。探索投贷结合和股权众筹等金融服务模式创新。鼓励符合条件的创新创业企业改制上市、到新三板或区域性股权市场挂牌融资，推动“中国青创板”创新发展。升级建设创新创业金融街。构建创新型科技金融服务体系，大力培育和发展科技支行、科技保险公司、科技小额贷款公司、科技融资担保公司和科技融资租赁公司等。鼓励有条件的地市设立科创企业信贷风险补偿基金。

2. 着力发展国际金融

简化跨境贸易和投资人民币结算业务流程，支持银行机构与支付机构合作开展跨境人民币结算业务，促进跨境电子商务加快发展。鼓励符合条件的跨国企业集团办理跨境双向人民币资金池业务和本外币资金集中运营管理业务。进一步提高“两优”贷款和进出口信贷支持力度，支持广东企业与“一带一路”沿线国家和地区及产能合作重点国家有关企业开展基础设施建设、国际产能和装备制造等合作。为广东企业“走出去”提供跨境并购贷款、项目贷款、资产管理等金融服务。推动设立人民币海外投贷基金，充分发挥广东海上丝绸之路基金投融资服务作用。扩大出口信用保险覆盖面，大力发展航运保险和对外投资保险。推动设立广东企业境外投资担保资金。

3. 着力发展基础设施金融

加强与政策性银行、大型保险机构的合作对接，运用好开发性、政策性金融。发挥财政资金杠杆撬动作用，建立省级大型基础设施建设基金。积极引导保险资金投资广东省基础设施项目。鼓励政策性银行驻粤分支机

构、商业性金融机构创新符合政府和社会资本合作（PPP）模式特点的金融服务，向以 PPP 模式建设的重大基础设施项目提供持续稳定的融资。与沪深交易所合作，共同推进 PPP 项目资产证券化。完善信息共享和工作协调机制，支持符合条件的基础设施项目建设企业发行非金融企业债务融资工具募集资金。

4. 着力发展先进装备制造金融

采取差别化信贷政策等措施支持去产能、去库存，引导银行机构加大对智能制造装备、轨道交通装备、节能环保装备、新能源装备等领域的信贷支持。鼓励支持行业龙头企业设立大型产业发展基金，通过资本市场开展兼并收购。支持符合条件的金融机构和制造业企业发起设立金融租赁公司，完善融资租赁发展扶持政策，支持符合条件的融资租赁机构接入中征动产融资统一登记平台。支持有条件的地市探索设立先进装备制造产业投资基金。加大财政支持力度，推动首台（套）重大技术装备保险发展。

5. 着力发展中小微企业金融

进一步执行好小微企业不良贷款容忍度、尽职免责等政策，引导银行机构优化产品设计，创新服务方式。加快建设中小微企业信用信息和融资对接平台，实现全省全覆盖。鼓励金融机构依托供应链核心企业，大力发展产业链金融产品和服务。推动金融机构应用中征应收账款融资服务平台，创新和发展应收账款融资产品。在省内遴选若干商业银行设立中小微企业小额票据贴现中心。大力发展小额贷款保证保险。构建全省统一的政策性担保体系，充分运用政府信贷风险补偿资金，推动金融机构加大对小微企业资金支持。完善小额贷款公司风险补偿激励机制，支持小额贷款公司健康发展。

6. 着力发展普惠金融

推动银行机构设立普惠金融事业部。利用农业普查数据和农户信用信息数据，建立全省性涉农征信大数据库。引导农合机构强化服务“三农”功能，进一步提高涉农贷款比例。完善粤东西北及革命老区、专业镇、中小微企业聚集等县（市、区）的金融服务体系，提高农村基础金融设施服务水平。扩大开展农民专业合作社信用合作试点。完善商业保险机构承办大病保险机制，创新商业养老和健康保险产品。加快在全省全面开展巨灾指数保险，支持发展民生综合责任保险，鼓励发展农村小额人身保险。加大政策性农业保险品种开发力度，不断提高保障水平。探索农产品目标价格保险、天气指数保险等新兴产品。加大对特殊群体的金融支持，积极开展金融扶贫行动。

7. 着力发展绿色金融

积极支持广州花都建设绿色金融改革创新试验区。发展绿色信贷，探索成立绿色信贷专营机构，培育发展绿色金融组织体系。探索特许经营权、项目收益权和排污权等环境权益抵质押融资。鼓励绿色企业通过发债、上市等方式融资，支持发行中小企业绿色集合债。健全企业环境信用信息数据库，强化地方绿色金融基础设施建设。在国内率先把环保行政处罚记录纳入人民银行征信系统，组织开展金融与环保对接，引导金融机构加大对环境友好企业的信贷和债券融资。加快发展绿色保险，创新生态环境责任类保险产品。

三、营造更加开放的国际化金融环境

1. 重点打造金融改革创新和对外开放先导区

充分利用国家赋予广州南沙、深圳前海、珠海横琴改革开放先行先试的政策优势，全力打造金融改革创新和对外开放的先导区，形成以点带面、带动全省金融改革开放的新局面。积极、稳妥地推进金融改革开放，选择在有条件的区域先行开展试点，为将来更大范围的改革开放积累经验、提供示范。

2. 加强在粤外资金融机构的政策引导和行政服务

支持外资金融机构在广东设立总部、区域总部及各类业务营运中心，引导境外资本参与省内法人金融机构的改革重组。支持具备条件的省内法人金融机构通过设立境外营业机构和代表处、开展跨境并购等方式，积极参与国际金融市场竞争与合作。

3. 大力提高粤港澳湾区的金融开放程度

扩大粤港澳湾区对内对外开放。湾区内扩大金融业对内开放需要逐步降低金融业准入门槛，在加强监管的前提下，允许具备条件的民间资本依法设立中小型银行等金融机构，给予民间资本平等的空间。扩大金融业对外开放需要强调三点：一是资本金融项目下的可兑换程度；二是资本市场双向开放；三是实现人民币资本项目可兑换。扩大金融业对内对外开放是湾区金融改革创新的迫切要求和必然选择，有利于粤港澳大湾区在更高水平上引入竞争机制，提升湾区内金融业竞争力。

四、健全金融监管体系，打造广东金融安全区

1. 强化金融监管协调和法制建设

建立省级金融监管联席会议制度，加强监管联动和信息互通，实现对各类金融业态有效监管的全覆盖。研究出台地方金融条例。研究制定小额贷款、融资担保、典当行、融资租赁、商业保理、地方资产管理公司、农村新型金融组织、互联网金融、股权投资、风险投资、交易场所的管理办法、实施细则和操作指引。

加强地方金融机构的分类监管，建立健全非现场监管机制。深化地方法人银行机构的公司治理改革，加强地方法人银行机构股东和股权监管，建立信息平台规范股权转让。不断提升对小额贷款公司、融资性担保公司和其他地方非银行金融机构的机构监管、业务监管能力。

2. 加强金融风险研判预警和应急处置

充分发挥广东省防控金融风险联席会议制度作用，加强金融风险的分析、研判和防控工作，形成全省“一盘棋”的风险防控格局。探索建立金融综合统计制度，构建区域金融风险监测和预警平台，提高金融风险的分析、预警和防范能力。完善金融机构重大事项和重要信息报告制度，强化

对金融行业系统性风险的监测评估。加强风险预警，制定处置预案，稳妥有序地做好地方问题金融机构的市场退出工作。持续开展应急演练，提升应对重大风险和突发事件的能力。

按照“政府引导、企业运作、专业化管理”模式，运用人工智能、大数据、区块链、云计算等科技手段，构建地方金融风险监测防控系统。针对七大类非法金融活动（非法集资、非法证券、非法期货、非法外汇、非法黄金、非法支付和非法代币）分别建立风险识别模型，结合大数据库，主动对潜在的金融风险进行识别。建立风险评级标准和体系，从收益率、涉众面、危害性、传染度、投诉率等多个维度对金融企业进行实时动态监测，精准预警风险企业。靶向监测各类交易场所资金流转，实现资金集中监管、交易统一清算、信息全面登记和交叉比对，最大限度地降低交易风险，保护投资者合法权益。

督促金融机构把杠杆率控制在合理水平，按照市场化、法治化原则稳妥推进企业债转股工作。引导债权人委员会良性运作，有效化解企业债务违约风险，严防“担保圈”“互保链”风险。加强地方法人银行机构信用风险管控，完善流动性风险管理，推进高风险农合机构风险化解。加强互联网金融风险防控，引导行业规范健康发展。加强对交易场所的日常管理，规范经营运作。大力整治证券、保险、期货等领域的非法金融活动。完善防范和处置非法集资工作机制，大力推动源头治理，按照“三统两分”原则落实案件处置属地责任，切实推动重大案件处置化解工作。

3. 构建全国领先的信用约束机制

建立和完善公用信用信息管理系统，搭建统一、完备、全覆盖和一体化的公用信用信息共享平台。建立健全信用激励和约束机制，引导金融机构对信用评价良好的企业给予优惠金融支持。进一步加大对金融欺诈、恶意逃废银行债务等金融失信行为的惩戒力度，规范金融市场秩序。支持配合金融机构依法处置不良资产。完善金融消费者权益保护工作体制机制，发挥同业自律监督作用，加大金融消费者权益保护力度，加强个人金融信息保护。

4. 开展金融综合监管机制创新试点

在现行的金融监管规则下，某些金融业态处于监管真空或交叉地带，游离于监管体系之外，带来重大金融隐患。支持在粤港澳大湾区开展金融综合监管机制创新试点，探索金融综合监管创新，开展粤港澳金融监管交流与合作，加强广东省地方各级政府金融工作部门与驻粤金融监管机构的沟通协调，加强信息通报，建立责权对等的地方金融工作机制；加强跨部门、跨行业、跨市场的金融业务监管协调和信息共享，组建大湾区金融综合监管合作理事会。

5. 加强互联网金融监管

对互联网金融监管需要加强分工合作，实施市场化监管。一是加强事中事后监管。主要应用技术监管，依托技术建立行业数据库、监控平台等创新监管机制，不能走传统金融监管的老路。二是加强信息披露，提高透明度。保证消费者充分了解互联网金融服务，包括信息公开、产品要求等信息都在合同条款上列明。同时，加强金融知识普及，使消费者具有风险识别能力，主动承担风险。三是加强自律管理，实行严格的事后处罚、公开处罚、自然退出、公开追责（谢平，2016）。

6. 完善风投创投监管机制

建立并完善创业投资引导基金中政府出资的绩效评价制度，同时建设风投创投中心、各平台运营的绩效管理体制；加强监管和规划，按照宽市场准入、重事中事后监管的原则，积极引导创业投资企业按要求登记备案，及时掌握创业投资企业投资运作情况。精简监管机构，厘清部门职责，减少多头交叉监管和监管空白的现象；不断完善基础设施和管理系统，逐渐形成具有广东特色的、多元化的、多层次的创新投融资支持体系，为金融服务于创新、服务于实体经济、服务于对外开放助力。

五、创新发展互联网金融

1. 统筹制定促进互联网金融发展政策

在专项整治、规范整改的基础上，对广东互联网金融发展进行统筹规划。借鉴北京、上海等地经验，组织发改委、财政、经信、科技、金融办等有关部门，研究提出政策措施，统筹制定促进互联网金融规范、健康发展的意见，形成全省性文件印发实施。鼓励广州、深圳建设互联网金融业区域中心，制定并落实对互联网金融的专项扶持政策和措施，引导互联网金融企业集聚发展，抢占新一轮互联网金融发展先机，争创发展新优势。在全省推广升级建设创新创业金融街，探索建设互联网金融服务板块，引导互联网金融企业进街经营，建设互联网金融集聚区。

2. 积极推动互联网金融创新试点

加快推动在佛山建设“互联网+”金融示范区，打造建设“互联网+金融”服务体系和众创、众包、众扶和众筹四大平台，形成可复制、可推广的经验。在互联网非公开股权融资试点工作的基础上，筛选出一批实力强、运作规范的平台，与中国证监会积极沟通，争取列入全国股权众筹融资试点。结合广东自贸区和珠三角金融改革创新试验区建设，推动设立互联网保险公司、互联网证券公司、创新型银行卡组织、股权众筹交易中心、互联网金融资产交易中心等一批互联网金融重大创新平台，例如，推动设立互联网金融资产交易中心，为各类互联网金融平台提供金融资产挂牌、销售、流通转让、托管登记、交割结算等全程服务，实现资金撮合交易，促进资产流转和产品创新，打造专业化、规范化、标准化的全国性互联网金融资产交易平台。

3. 促进互联网金融企业加快发展

鼓励、引导有实力的企业，特别是大型国有企业、民营上市公司等出资设立互联网金融平台。支持持牌金融机构出资设立或参股、控股互联网金融平台，与互联网金融平台开展业务合作与创新。鼓励互联网金融平台引入风投等各类社会资本，增强资本实力。支持规模大、品牌优、实力强的互联网金融平台开展并购重组，发展综合经营，打造互联网金融控股集团。

4. 探索设立“互联网+”产业引导基金

充分发挥政府财政资金的引导作用和杠杆作用，以省级财政资金引导，市、区财政资金配套，并吸引保险资金、上市公司闲置资金及相关产业母基金入股，建立“互联网+”产业引导基金，采取奖励、贴息、风险补偿等方式，引导互联网金融企业发展普惠金融，加快金融产品和服务创新，加大对符合产业转型方向的小微企业的金融支持。

5. 加大对传统产业的支持

引导互联网金融平台与制造业等传统产业加强合作，推动与产业跨界融合，发掘产业价值链上下游之间的价值联系，运用互联网和大数据技术创新金融业务品种。探索“产业互联网+供应链金融”模式，通过互联网金融企业与银行、海关等进行合作，整合从供应商到制造商、客户、物流提供商、海关等部门之间的流程，实行闭环交易，为供应链中相关中小微企业供应链金融创新服务。

6. 探索“互联网+科技”融资新模式

在高新区、工业园、转移产业园、创意产业园等培育互联网金融企业，建设互联网金融服务专区，以种子期、初创期的科技型、创新型企业和项目为主要对象，提供项目展示、路演、创业辅导、投融资对接、股权融资、债权融资、业务拓展等全方位服务，培育“互联网+”科技融资新模式，打造以互联网金融为中心的创业创新生态圈。

第二篇

构建金融强省指标体系框架

进入“十三五”以后，广东建设金融强省、建设粤港澳大湾区国际金融枢纽、建设金融创新先行省和地方金融安全区的目标更为明晰。为了贯彻落实中央和广东省委、省政府的决策部署，大力发展科技金融、国际金融、基础设施金融、先进装备制造金融、中小微企业金融、普惠金融，加快建设金融强省和国际金融中心，广东省必须紧跟国际国内经济金融形势，结合自身情况，努力实现“支持创新、支持实体经济、支持对外开放合作”的总体要求。

广东省金融强省建设初见成效，金融产业呈现“创新有效、发展有序、服务有力、风险可控”的良好态势。在一些通用的金融中心指标上表现优异，如存贷款余额、上市公司数量、新三板和OTC挂牌企业数量、保费收入均居全国第一，金融业总资产仅次于北京位居全国第二，金融持续平稳运行，不良贷款率1.52%，低于全国平均水平（1.74%）。但同时广东省金融发展仍然存在以下问题：金融供给不能满足实体经济的需求，传统制造业企业贷款增长缓慢，民营企业和中小微企业融资难；金融总量大而发展质量欠佳，缺乏领军大型金融机构，上市金融机构少；金融区域发展不平衡，表现为金融总量分配、金融资源分布不均。珠三角发展较好，深圳一枝独秀，同时，地方金融工作部门职能设置难以满足地方金融发展需要，应进一步厘清职责权限，加强部门建设和党建建设。

立足广东省金融发展现状、发展方向以及金融产业出现的问题和面临的风险，以科学发展观统领金融工作全局，加快构建一个更加完善、更具活力的金融体系。目前，国内关于金融指标体系的研究以学术研究为主，除此之外仅有一个较为权威的中国金融中心指数（CDI CFCI）。它由综合开发研究院（中国深圳）发布，使用4级共85个客观指标对中国金融中心竞争力进行全面评价，其指标体系具有借鉴性意义。但在操作中应更强调广东省金融发展的实际工作，按指标的预期进行金融建设，更具标的性意义。本部分通过对目前国际国内各大权威、学术金融中心统计指标体系进行介绍和梳理，在分析指标内容的基础之上进行总结、分类，结合广东省金融实际情况，设计一套较为全面且有广东特色的金融统计指标体系框架。

第六章

国际金融中心指标体系案例

一、GFCI 全球金融中心指数

全球金融中心指数（GFCI）由英国智库 Z/Yen 集团与中国（深圳）综合开发研究院共同编制，对全球重要金融中心进行评分和排名，首期指数于2007 年3 月发布，此后每半年更新一次，2017 年3 月更新至第21 期。该指数由 101 个竞争力指标和主观调查问卷组成（见图6 - 1）。其中，竞争力指标分为人力资本、商业环境、金融部门发展、基础设施、城市声誉及其他方面共五大类，其中每类都有二级指标。数据均由第三方提供，包

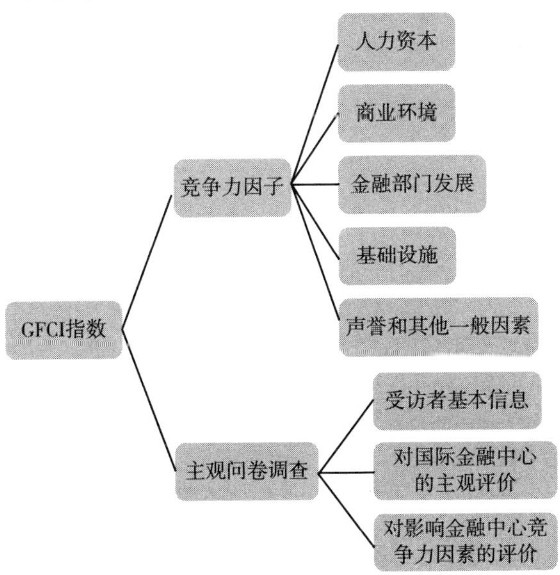

图 6 - 1　GFCI 指数构成

括世界银行、经济学人智库、经济合作与发展组织和联合国等。竞争力指标不设定权重，基于支持向量机（SVM）方法一次性进入模型计算。主观调查问卷部分包括受访者基本信息资料、受访者对国际金融中心的主观评价和受访者对影响金融中心竞争力因素的评价（蔡真，2015）。竞争力指标和主观测评部分的权重也通过 SVM 方法机器自动赋权确定。

该指数反映了商业环境、金融发展、基础设施等方面的竞争力。同时采用聚类和关联两种分析方法，可以从金融的多样性、专业性、联系度三个维度来综合评判各金融中心的竞争力（刘萌，2016）。该指数的具体指标内容如表 6－1 所示。

表 6－1　　GFCI 指数指标内容

指标	数据来源	指标	数据来源
1. 人力资本			
平均降水量	世界银行	自杀率	UN Ofiice on Drugs and Crime
公民国内购买力	UBS	人类发展指数	联合国开发计划署
城市生活成本排名	Mercer	语言多样性	Anthropology
犯罪指数	Numbeo	高净值资产人数	Capgemini
全球技能指数	Hays	生活质量指数	Numbeo
全球恐怖主义指数	Institute for Economics & Peace	城市生活质量排名	Mercer
科学、商业、法律高等教育毕业生比例	世界银行	主要旅游目的地	Euromonitor
高等教育毕业率	世界银行	签证受限指数	Henley Partners
健康指数	Numbeo	世界人才排名	IMD
2. 商业环境			
全球服务定位指数	AK Kearney	新闻自由指数	Reporters Without Borders
政府债务占 GDP 比重	CIA	通货指数	Swiss Association for Standardization
法律体系	CIA	金融安全指数	Tax Justice Network
营商环境排行	EIU	营商便利指数	世界银行
操作性风险指数	EIU	实际利率	世界银行
最佳营商国家排行	福布斯	税占 GDP 比重	世界银行
经济自由度	Fraser Institute	政府有效性	世界银行

续表

指标	数据来源	指标	数据来源
全球和平指数	Institute for Economics and Peace	通胀指数	世界银行
全球网络安全指数	ITU	法律规则	世界银行
城市风险指数	Lloyd's	政治稳定性	世界银行
个人所得税率	OECD	监管质量	世界银行
双边水务信息交换协议	OECD	腐败控制	世界银行
国家风险指数	OECD	清廉指数	Transparency International
公司税率	普华永道	工资比较指数	UBS
员工税率	普华永道	开放政府指数	World Justice Project
		监管执法	World Justice Project
3. 金融部门发展			
业务流程外包区位指数	Cushman & Wakefield	银行投融资公司数量百分比	世界银行
全球连通性指数	DHL	班轮连接指数	世界银行
开放式基金总资产净额	Investment Company Institute	证券交易所资本化程度	The World Federation of Stock Exchanges
伊斯兰金融国家指数	Islamic Banks and Financial Institutions	股票交易价值	The World Federation of Stock Exchanges
银行外部头寸及占GDP比重	The Bank for International Settlements	股票交易量	The World Federation of Stock Exchanges
商业和金融城市GDP构成	The Brookings Institution	广义股票指数	The World Federation of Stock Exchanges
银行业国内信贷占GDP比重	世界银行	债券成交价值	The World Federation of Stock Exchanges
4. 基础设施			
办公楼租用成本	CBRE Research	互联网指数	The World Wide Web Foundation
单位面积公路里数	CIA	ICT发展指数	联合国
单位面积铁路里数	CIA	电信基础设施指数	联合国
全球房地产透明度指数	仲量联行	国内运输网络质量指数	世界经济论坛
主要国际住宅指数	Knight Frank	道路质量	世界经济论坛
地铁网络长度	Metro Bits	网络就绪指数	世界经济论坛
全球可持续竞争指数	SolAbility	能源可持续指数	世界能源委员会
物流绩效指数	世界银行	环境绩效指数	耶鲁大学

续表

指标	数据来源	指标	数据来源
5. 声誉及其他一般因素			
创新城市全球指数	ThinkNow Innovation Cities	全球知识产权指数	Taylor Wessing
城市可持续发展指数	Arcadis	零售物价指数	经济学人
外资直接投资信心指数	AT Kearney	巨无霸指数	经济学人
全球城市指数	AT Kearney	人均国内生产总值	世界银行
可持续发展	波士顿咨询	价格水平	UBS
优良国家指数	good country party	外资直接投资流入	UNCTAD
城市运动指数	IESE	外国直接投资占 GDP 比率	UNCTAD
世界竞争力评分表	IMD	全球竞争力指数	世界经济论坛
全球创新指数	INSEAD	国际协会会议数量	世界经济论坛
全球繁荣指数	Legatum Institute	全球贸易促进报告	世界经济论坛

注：高净值资产人数指金融资本超过 100 万美元的人数。

GFCI 是用于评价较为成熟的国际金融中心指标体系，国际影响力较大。这些特征指标可以归同纳入以下 14 类竞争力因素，按照相对重要性排名分别为：技术娴熟人员的可用性、监管环境、国际金融市场准入门槛、商业基础设施的可用性、客户开放型、公平公正的商业环境、政府响应性、公司税制、操作费用、专业服务供应商入口、生活质量、文化和语言、商业资产质量和有效性、个人所得税制度。但对广东金融指标体系构建的借鉴性意义不强，它主要采取的第三方指标难以采集广东的数据，且指标体系的赋权不透明，再加上主观评测的部分，导致该指数的主观性比较强。

二、IFCD 新华—道琼斯国际金融中心发展指数

新华—道琼斯国际金融中心发展指数（Xinhua · Dow Jones International Financial Centers Development Index，IFCD）是新华通讯社联合芝加哥商业交易所集团（拥有原道琼斯指数，现为标普 · 道琼斯指数）发布的指数，首期发布于 2010 年，每年更新一次，已经在全球范围内取得广泛好评，成

为国际金融中城市创新建设提供相对参照。

该指数的计算纳入了46个特征指标和主观调查问卷。客观指标维度和调查问卷维度各占0.5的权重。主观维度不细分指标和确定权重，客观维度还要继续赋权重。客观指标评分系统和问卷主观评分系统均有这五个一级指标：金融市场（0.21）、成长发展（0.21）、产业支撑（0.19）、服务水平（0.2）、综合环境（0.2）① （见图6－2）。其中，客观部分还细分为15个二级指标和46个三级指标，二级指标和三级指标内容均采用等权重的方式赋权，即对于n个指标，每个指标的权重是1/n。客观指标部分大多数指标计取最近四年的均值，以减弱不可比干扰因子的影响。2010年IFCD有66个三级指标，2014年在以往研究的基础上，吸收部分金融机构、个人以及城市管理者提出的意见，保持算法一致性的基础上调整了指标体系，扩大问卷调查范围，同时将三级指标数量减少到46个。而问卷部分基本情况和GFCI的内容相同，包括被调查者的基本信息、对国际金融中心的主观评价和对五个金砖国家是否有城市成为国际金融中心的信息调查。

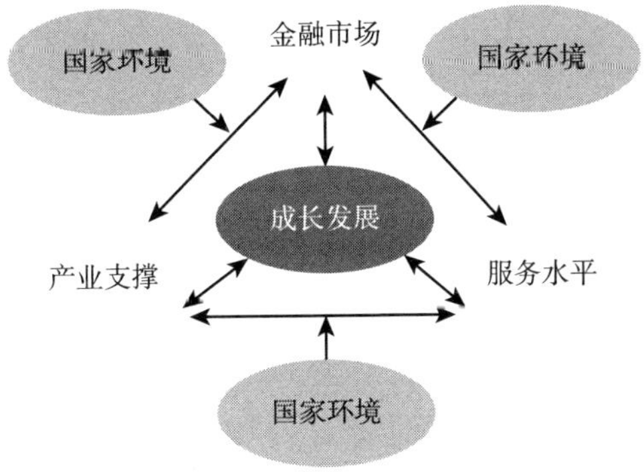

图6－2　IFCD五个一级指标构成

按照市场类型，金融市场指标包括资本市场、外汇市场和银保市场发展的广度和深度。成长发展包括金融市场发展指标、经济体量成长以及创新成长三部分内容。产业支撑则通过产业关联、产业人才、产业景气等与金融产业相关产业发展情况来体现金融业发展潜力。服务水平部分包括基础设施、社会管理和工作生活部分。作为更加辅助性的内容，基础设施体

① 5个指标加起来不等于1是四舍五入误差造成。

现了城市的运载力基础，社会管理体现了政府的管理能力以及该城市社会的发展水平，工作生活则反映了该城市社会生活的质量，衡量金融业人员所生活的环境是否具有吸引力。国家环境是金融产业发展的基础，分为经济环境、政治环境、社会环境。便利且开放的商业空间、稳定廉洁的政府系统、国际化信息化的社会营造均有利于金融产业的发展。该指数的具体指标内容如表6-2所示。

表6-2 IFCD指标体系

一级指标	二级指标	三级指标	数据来源	指标特性
金融市场（0.21）	资本市场	股票交易额	世界交易所联合会	客观指标
		债券交易额	世界交易所联合会	客观指标
		商品期货交易额	世界交易所联合会	客观指标
		证券市场国际化程度	世界交易所联合会	客观指标
	外汇市场	远期外汇交易额占世界总额的比例	世界交易所联合会	客观指标
		外汇储备	美国中情局	客观指标
		汇率波动	世界交易所联合会	客观指标
	银保市场	大型银行总部数量	福布斯	客观指标
		保费总额	世界经济论坛	客观指标
		保险服务	新华社全球信息采集系统	调查问卷
成长发展（0.21）	市场成长	新上市债券增长率	世界交易所联合会	客观指标
		上市公司数量增长率	世界交易所联合会	客观指标
		股票交易额增长率	世界交易所联合会	客观指标
	经济成长	GDP五年平均增长率	世界银行	客观指标
		国内购买力近三年增速	瑞银集团	客观指标
		税收和社会保障金额增长率	经济合作与发展组织	客观指标
	创新成长	科技创新	新华社全球信息采集系统	调查问卷
		近五年政府研发支出年均增长率	经济合作与发展组织	客观指标
		近五年每百万人研发人员增长率	联合国教科文组织	客观指标

续表

一级指标	二级指标	三级指标	数据来源	指标特性
产业支撑(0.19)	产业关联	外贸进出口总额	世界银行	客观指标
		全球金融服务供应商实力	中国社会科学院全球城市竞争力研究	第三方数据
		跨国公司指数	中国社会科学院全球城市竞争力研究	第三方数据
	产业人才	人才聚集	新华社全球信息采集系统	调查问卷
		高等教育投入	经济合作与发展组织	客观指标
		受教育水平	联合国发展计划署	客观指标
	产业景气	制造业景气	新华社全球信息采集系统	调查问卷
		服务业景气	新华社全球信息采集系统	调查问卷
		高新技术产业景气	新华社全球信息采集系统	调查问卷
服务水平(0.2)	基础设施	货物吞吐量	中国社会科学院全球城市竞争力研究	第三方数据
		机场客运量	国际机场协会	客观指标
		信息设施建设	世界经济论坛	客观指标
	社会管理	服务业就业比例	中国社会科学院全球城市竞争力研究	第三方数据
		监管质量	世界银行	第三方数据
		政府数字化管理程度	联合国电子政务调查	第三方数据
		失业率	世界经济论坛	客观指标
	工作生活	生活成本	瑞银集团	第三方数据
		适宜人居程度	Mercer HR	第三方数据
		工作环境	新华社全球信息采集系统	调查问卷
国家环境(0.2)	经济环境	营商便利指数	世界银行	第三方评价数据
		物价指数	国际货币基金组织	客观指标
		经济自由度	Fraser Institute	第三方评价数据
	政治环境	政治稳定度	世界银行	第三方评价数据
		廉洁指数	Transparency International	第三方评价数据
	社会环境	社会国际化程度	KOF-Index of Globalization	第三方评价数据
		信息化普及程度	世界经济论坛	第三方评价数据
		幸福指数	美国新经济基金	第三方评价数据

综合来看，该指标的内容更加全面且非常强调国家环境、城市社会服务水平、相关产业作为金融行业发展的相关条件对金融的巨大影响。该指标体系的框架具有借鉴性意义，但部分指标，如来自新华社全球信息采集系统的制造业景气、服务业景气作为主观测评部分则缺乏客观性。而很多第三方评价数据难以获得广东省级层面数据，如营商便利指数、廉洁指数、幸福指数等。

第七章

国内国际金融中心或金融强省指标体系案例

一、中国金融中心指数

中国金融中心指数（China Financial Center Index，CFCI）是由综合开发研究院（中国深圳）（CDI）在进行区域金融学研究的基础上，综合运用已有研究成果，根据中国金融中心发展以及我国统计体系的实际情况所编制的中国金融中心竞争力的多因素综合评价指标体系。旨在通过一系列客观指标评价中国金融中心发展的优劣势，从而为进一步提出提升金融中心竞争力的有效举措奠定基础。该指标利用已经公开的统计数据，对我国金融中心的发展状况进行科学客观的总体评价，首期于2009年发布，其后每年更新一次。

CDI CFCI 共使用了4级85个客观指标对31个中国金融中心竞争力进行全面评价，包括金融产业绩效、金融机构实力、金融市场规模和金融生态环境四个一级指标的竞争力评价①。该指数更加注重对中国金融中心竞争力的横向比较，具体情况如下：

金融产业绩效部分是从深度、宽度、总体发展情况来计算金融中心的发展规模和现状。金融机构实力部分将机构类型分为银行、证券、保险三大类，分别考察机构的数量规模以及业务规模。在此基础之上，测评机构国际化程度，作为国际金融中心的国际要素。

---

① 陈登、周志刚、王曼纳：《基于CDI中国金融中心指数的武汉区域金融中心研究》，载于《武汉商学院学报》2017年第2期。

金融市场包括货币、股票、债券、黄金、外汇、产权交易以及衍生品市场，通过每个市场的规模以及交易量测算来评估城市地区的金融市场整体规模。金融生态环境则是金融产业发展的支撑与基础，包括人才环境和商业环境，选取的指标较为宽泛，即更多地从区域的城市社会环境基础出发。

具体如表 7-1 所示。

表 7-1　　CDI CFCI 指标体系

一级指标	二级指标	三级和四级指标
金融产业绩效	金融业增加值	金融业增加值及其近三年平均增长率、金融业增加值占当地 GDP 比重
	金融业从业人员	金融业从业人员数及其近三年平均增长率、从业人数占全体劳动者比例
	金融深度	存款余额占 GDP 比重、本地证券交易量与 GDP 之比、保险深度
	金融宽度	贷款余额占 GDP 比重、境内股票市场累计融资量与 GDP 之比、保险密度
金融机构实力	银行类机构	本地法人机构（主要商业银行的本地法人银行数量、主要商业银行的本地法人银行资产总规模）、本地市场业务量（存款总额、贷款总额）、资产质量（不良贷款率）
	证券类机构	证券公司（本地法人机构数量、资产规模、承销金额、经纪规模、证券营业部家数）、基金管理公司（本地法人机构数量、资产管理规模）
	保险类机构	本地法人机构（本地法人机构数量、资产规模）、本地市场业务量（保费收入、赔付支出）
	机构国际化程度	银行业（外资银行在本地分行数、外资银行营业性机构数量）、证券业（本地法人合资证券公司数量、国外证券公司在本地的代表处数量、本地法人合资基金管理公司数量）、保险业（外资保险公司在本地的分公司数量、本地法人合资保险公司数量、外资保险公司在本地的代表处数量）
金融市场规模	货币市场	同业拆借市场（成交金额）、回购市场（交易额）、票据市场（贴现总额）
	股票市场	市场规模（上市公司家数、上市公司总市值、成交金额）、市场融资能力（股票发行额）

续表

一级指标	二级指标	三级和四级指标
金融市场规模	债券市场	银行间债券市场（现券交易额）、交易所债券市场（现券交易额）
	黄金市场	黄金市场（黄金交易额）
	外汇市场	市场规模（日均成交额）
	产权交易市场	市场规模（年成交额）
	衍生品市场	期货市场（期货市场成交额）
金融生态环境	人才环境	教育环境（普通高等学校在校学生数、普通高等学校数、“211工程”高校数、每一普通中学专任教师负担学生数、每一小学专任教师负担学生数）、文化娱乐（每百万人电影院影剧院数、每百万人群众艺术文化馆数、万人公共图书总藏量）、医疗卫生（医院数、每万人拥有医院病床数、每万人拥有的医生数）、城市绿化（城市绿化覆盖率、人均公共绿地面积）、城市交通（人均道路面积、万人城市轨道交通、日航班次数）、环境状况（城市生活污水处理率、空气质量优良率）、生活成本（在岗职工平均工资、住宅房价收入比）、旅游吸引力（接待入境旅游者人数、国内旅游者人数）
	商业环境	经济基础（地区生产总值、人均地区生产总值、第三产业增加值、本地上市公司数量）、专业服务（执业律师数、注册会计师数、专业保险中介机构数量）、社会保障（基本养老保险覆盖率、基本医疗保险覆盖率、失业保险覆盖率）、经济外向度（当年实际利用FDI总额、当年进出口总额、当年国际旅游收入）

注：三级和四级指标参见祝伟展，《科技型中小企业融资模式优选研究》，河北工业大学硕士论文，2014年。

该指标的计算与处理遵循了科学性原则。首先，指标数据均为客观数据，以各城市公布的统计年鉴数据为基础，结合使用金融监管机构和金融机构的统计数据。对于数据标准化，先对各项指标“锚定”一个基准值，各城市在该项所获标准化得分取决于城市指标原始值与锚定基准值之间的比例关系。其次，对于正指标，即数值越大越好的指标，标准化得分 = 指标原始值/锚定基准值；对于逆指标，即数值越小越好的指标，标准化得分 = 锚定基准值/指标原始值。最后，各指标对上级指标的贡献权重由众多专家打分确定。专家组包括了各地政府金融办人员、金融监管机构人员、金融机构从业人士、金融业知名专家和其他课题组成员。

二、“十三五”上海国际金融中心建设预期指标

该指标体系是根据“十三五”上海国际金融中心建设的政策文件整理而来，它不是已形成的正式指标体系，而是按此指标预期进行国际金融中心建设。指标包括四大一级指标，分别是金融市场规模、金融国际化程度、金融服务功能和金融发展环境。其中，金融业市场规模和金融服务功能用于测评金融中心的核心功能，分别通过不同金融细分市场的规模测算和地区金融市场的整体服务能力来评价；金融发展环境是国际金融中心形成和发展的影响因素，在此选取了和金融产业息息相关的监管环境、法治税收环境、从业人员情况等指标；最后，该体系最为强调的国际化程度和国际竞争力则是上海作为金融中心的发展重点，选取了包括人民币跨境业务等其他境外金融业务的大量指标。具体如表 7－2 所示。

表 7－2　“十三五”上海国际金融中心建设预期指标体系

一级指标	二级指标
金融业市场规模	金融业增加值、金融业总资产
	金融市场交易总额（不含外汇市场、外汇市场）
	债券托管余额
	黄金市场现货交易量
	保险市场原保费收入
	金融衍生品交易量
	票据市场和信贷转让市场
	银行卡跨行交易额
	银行卡消费金额占社会消费品零售总额（除批发性大宗交易和房地产交易）
金融国际化程度	人民币跨境业务量
	境外投资者规模
	外资金融机构资产规模、外资金融机构资产总额的市场份额
	国际债券规模
	离岸金融业务
	金融市场国际影响力（上证主要指数、大宗商品期货价格的国际影响力）
金融服务功能	金融市场直接融资额占社会融资额比重
	管理资产规模
	金融产品丰富程度
	保险深度、保险密度
金融发展环境	法治、税收、信用、监管环境及与国际惯例的接轨程度（发展环境及其国际竞争力）
	金融监管透明度
	金融消费者保护
	金融从业人员规模
	生活环境、基础设施

三、江苏金融强省评价指标体系[①]

郑征、余珊萍（2013）认为，“时期不同，金融强省的标准也不一样”。因此，构建金融强省指标体系，要从把握金融强省的内涵与本质入手，有的放矢。金融强省至少应该做到经济的稳定增长、完善的金融市场，因此要加入金融规模、金融市场、金融实力、金融创新等各项普适评价指标，同时科技金融高度耦合对推动金融强省建设的意义重大，体现在技术创新依赖于良好的金融支持，金融资源配置效率决定技术创新的发展速度和质量，因此科技金融水平指标也应当加入评价体系中。

经济环境指标包括经济规模、第三产业发展和经济开放度，从宏观视角反映地区整体经济环境、对外开放程度、金融发展基础和潜力；金融实力指标包括金融市场和金融规模，金融市场细分为银行、保险、证券三大产业的规模活力，反映区域金融市场的发达程度，金融规模则反映金融业发展态势以及重要性；科技金融部分更加强调江苏省特色，包括金融对科技的研发投入和科技成果的产业化转移两个方面，研发部分采用国际通用的 R&D 经费和人数来表现科技金融的核心竞争力，而产业化部分则是前期金融资本投入得到科技回馈的反应。具体如表 7－3 所示。

表 7－3　　江苏金融强省评价指标体系

<table>
<tr><th>一级指标</th><th>二级指标</th><th>三级指标</th><th>一级指标</th><th>二级指标</th><th>三级指标</th></tr>
<tr><td rowspan="8">经济环境</td><td rowspan="4">经济规模</td><td>GDP</td><td rowspan="6">金融实力</td><td rowspan="3">金融市场</td><td>银行业</td></tr>
<tr><td>GDP 增长率</td><td>证券业</td></tr>
<tr><td>社会消费品零售总额</td><td>保险业</td></tr>
<tr><td>固定资产投资</td><td rowspan="3">金融规模</td><td>金融业生产总值</td></tr>
<tr><td rowspan="2">第三产业发展</td><td>第三产业占比</td><td>服务业从业人员</td></tr>
<tr><td>第三产业增长率</td><td>金融业就业人员平均工资</td></tr>
<tr><td rowspan="2">经济开放度</td><td>进出口总额</td><td rowspan="3">科技金融</td><td rowspan="2">研发投入</td><td>R&D 经费</td></tr>
<tr><td>外商直接投资合同金额</td><td>R&D 人员</td></tr>
<tr><td></td><td></td><td>外商直接投资实际到位金额</td><td rowspan="1">成果产业化</td><td>有效发明专利数量
自主创新产品产值</td></tr>
</table>

① 郑征、余珊萍：《江苏建设金融强省的评价体系构建与战略选择》，载于《区域经济》2013 年第 6 期。

四、深圳国际金融中心建设与发展程度指标体系[①]

该指标体系较为简单，选取了15项基本指标，分别是国内生产总值、GDP增速、金融业GDP、金融业GDP占比、金融业从业人口、就业人口、金融从业人口占比、高等教育人数、常住人口、高等教育人数占比、进出口总额、人均GDP、股票交易量、股票交易量/GDP、金融机构存款。指标测算的数据来源于各大年鉴提供基本数据，再依据世界银行提供的有效汇率将数据量纲统一，然后通过主成分分析法确定权重。

该体系主要从宏观属性、人口属性、市场属性出发进行评测，采取很基础的评价方法。在对北京、上海、香港、深圳的金融发展程度进行分析排名后，实证结果显示，香港排名最高，北京、上海紧随其后，深圳与其他城市仍有差距。

五、金融强省评价指标体系[②]

张启富（2012）认为金融强省的核心是高水平的金融发展。因此构建评价指标体系必须厘清金融强省内涵的关键，也就是“何为金融发展”。他提出，金融发展首先体现为金融体系自身的规模质量，可以通过金融行业规模大小、金融市场交易活跃程度、金融机构聚集数量和金融行业运行效率四个方面体现；而金融发展的相对水平则表现为一个经济体系的经济金融化（货币化）水平。

在此分析的基础之上，张启富进行了数据标准化，并采用层次分析法为指标赋权，具体分为构造成对比较矩阵、层次单排序权向量计算及一致性检验、层次总排序权值计算及一致性检验三个步骤。实证结果显示，广东金融强省水平最高，其次是北京、上海、浙江、江苏和山东。具体指标如表7－4所示。

---

① 《北大汇丰中国宏观经济及金融市场系列报告》（第四期），2012年1月号。

② 张启富：《我国金融强省评价指标体系构建及应用》，载于《企业经济》2012年第11期。

表 7－4 金融强省评价指标体系

一级指标	二级指标
金融规模指标	金融业 GDP（亿元）
	金融业从业人员（万人）
	金融业总资产（亿元）
金融交易指标	金融机构存款余额（亿元）
	金融机构贷款余额（亿元）
	资本市场筹资额（亿元）
	证券交易额（亿元）
	保费收入（亿元）
金融机构指标	银行机构数（家）
	证券机构数（家）
	基金机构数（家）
	保险机构数（家）
金融效率指标	存贷款余额差与存贷余额比（%）
	直接融资与间接融资比（%）
	银行业利润额（亿元）
	证券业利润额（亿元）
	保险业利润额（亿元）
	银行不良贷款率（%）
金融相关指标	金融业 GDP 与 GDP 比（%）
	金融业从业人员与就业人员总数比（%）
	存款余额与 GDP 比（%）
	贷款余额与 GDP 比（%）
	证券交易额与 GDP 比（%）
	保费收入与 GDP 比（%）
	保费收入与总人口数比（元）

该指标体系的特点是数据来源方便获取，综合当年度各省份的金融运行报告、国民经济与社会发展统计公报、统计年鉴等权威文献，结合使用金融机构的统计数据。对于缺失数据，通过详尽数据、同类数据代替，或者用一级指标修正法修正评价结果。除此之外，该指标体系的框架清晰，具有借鉴意义。

六、国际金融中心评价指数①

乔章凤（2016）依据金融中心形成发展因素与金融核心功能特征所涵盖的核心类指标，选取经济环境、基础设施、金融生态环境、金融机构、金融市场、金融人才作为核心一级指标，在借鉴 GFCD、IFCD、CDI CFCI 三大指标的基础上选取指标，共产生 15 个二级指标、63 个具有代表性的三级指标，对于难以获取的指标进行同类代替。该指标体系涵盖基础设施建设、金融生态环境营造、人力资源体系构建、金融专业服务、金融监管框架和相关政策支持等核心要素，突出了国际金融中心建设、发展与创新三个重要评价因素，具有理论和实践意义。具体指标如表 7－5 所示。

① 乔章凤：《国际金融中心评价指数比较研究》，载于《新金融》2016 年第 9 期。

表 7－5　　国际金融中心评价指数

一级指标	二级指标	核心类指标
经济环境	经济实力	GDP 增长率
		居民家庭人均可支配收入
		综合物价指数
		税收和社会保障金增长率
	开放程度	当年实际利用 FDI 总额
		经济外向度
		经济自由度
		国际博览会、会议个数
基础设施	基础设施建设	固定资产投资额
		办公室租用成本
		办公空间成本
	公共交通	机场旅客客运量
		港口货物吞吐量
		万人城市轨道交通运营里程
		地面交通运输网络质量
	信息传输	宽带接入用户数
		金融机构数字化管理程度
		其他类型金融机构数
金融机构	综合绩效	金融业增加值占 GDP 比重
		存款余额占 GDP 比重
		贷款余额占 GDP 比重
	传统金融机构	法人商业银行数
		主要商业银行资产总规模
		法人证券公司数
		法人证券公司资产总规模
		法人基金管理公司数
		法人基金管理公司资产管理规模
		法人保险公司数量
		法人保险公司保费收入
		外资金融机构总数
		外资银行在本地的分行数
	新型金融机构	PE/VC 企业数
		PE/VC 投资规模
		产业投资基金数量
		产业投资基金总规模
金融生态环境指标	公共服务	风险投资获得的便利性
		政府监管及应变能力
		营商便利指数
		公平竞争程度（腐败指数）
	商业环境	全球 500 强金融服务供应商数量
		高新技术产业占工业总产值比重
		跨国公司总部数量
		律师事务所数
		会计师事务所数
		企业所得税率
	人文社会环境	万人公共图书馆藏书数
		万人医院、卫生院床位数
		高等教育投入
		人均公共绿地边际
		单位 GDP 碳排放强度
金融市场	传统金融市场	同业拆借市场成交金额
		回购市场交易额
		股票市场交易额
		股票交易量
		债券市场交易额
		外汇日均交易额
	衍生金融市场	黄金交易额
		期货交易量
		权证市场成交额
金融人才	人才规模	金融业从业人员总数
		金融业从业人员数占比
	人才质量	本科以上金融从业人员占比
		留学归国金融从业人员占比

七、国际金融中心评价指标体系构建[①]

苏捷斯（2010）运用德尔菲法（专家意见法）确定国际金融中心评价指标体系，先成立课题领导小组和专家小组，通过编制专家咨询表，进行共两轮的分轮咨询，构建了国际金融中心评价指标体系，共有7个一级指标，分别是经济发展指标、金融发展总体指标、金融国际化指标、金融市场指标、金融人才指标、政治环境指标、城市发展指标，一级指标之下共有二级指标66个，如表7－6所示。

表7－6　国际金融中心评价指标体系

一级指标	二级指标	一级指标	二级指标
经济发展指标	GDP	金融市场指标	上市债券总市值
	GDP增长率		债券交易额
	人均GDP		股票交易额
	第三产业产值占总产值比重		股票交易额占GDP比重
	进出口比率		股票交易周转率
	投资比率（投资额/GDP）		股息收益率
	通货膨胀率		日均外汇交易额
	失业率		外汇自由兑换程度
	总储备		黄金交易额
	经济自由化程度		衍生品年交易量
金融发展总体指标	金融机构总数		银行同业拆借总额
	金融机构资产负债总额		银行不良贷款率
	金融机构自有资本资产比		期货及期权成交量
	金融部门产值/GDP		金融中介数量
	金融创新程度	金融人才指标	城市教育水平
	金融的电子化程度		金融业从业人员总数
	金融稳定性指数		金融业从业人员受教育程度
			金融人才的数量及占总就业人数比重
			外籍金融业从业人员占全部金融业从业人员比例

① 苏捷斯：《基于德尔菲法的国际金融中心评价指标体系构建》，载于《科技管理研究》2010年第12期。

续表

一级指标	二级指标	一级指标	二级指标
金融国际化指标	金融业跨国公司总部数	城市发展指标	区位条件
	金融业跨国公司分部数		航空运输量
	外资银行和金融机构数量		跨国公司数量
	外资银行占银行总数的比例		每百人拥有的电话、移动电话数量
	外国金融资产负债额		
	外国直接投资流入量		每百人互联网用户
	外国直接投资流出量		城市办公楼租金
	外国直接投资（FDI）占 GDP 比重		能源消费量
	银行等金融机构外币存款与本地货币存款之比		耗电量
	跨境交易贷款总额占全球境外交易的百分比		城市基础设施占总投资比重
	跨境交易借款总额占全球境外交易的百分比	政治环境指标	政治稳定性
	外国金融机构进入本地市场的容易程度指数		政府监管有效性
	外国公司进入国内金融市场的容易程度指数		企业经营环境
金融市场指标	上市公司总数		政府政策对经济转变的适应能力
	上市公司总市值		
	上市公司总市值占 GDP 比重		社会治安状况

八、国际金融中心指标体系构建的特点和规律

通过对以上国际金融中心的评价指数进行特征分析，可以发现指标的选取主要依据两个方面：一是国际金融中心形成和发展的影响因素；二是国际金融中心的核心功能特征。

国际金融中心的形成与发展依靠地区的经济社会人文环境、基础设施和金融生态环境。社会人文环境包括地区经济实力、受教育水平、公共交通、城市环境等指标；基础设施包括办公成本、固定资产投资额等指标；金融生态环境是直接与金融产业相关的设施情况，包括营商环境、金融稳定程度等内容。

在指标体系中具体包括：GFCI 的人力资本、商业环境、基础设施；

IFCD 的产业支撑、服务水平；CDI CFCI 中将人才环境和商业环境并入金融生态环境；上海国际金融中心建设指标体系将生活环境、基础设施作为金融发展环境下的二级指标；乔章凤提出的指标体系中，经济环境、基础设施、金融生态环境均作为一级指标，引入大量经济社会因素如综合物价指数、交通运输网络质量、宽带接入用户数等。

国际金融中心的核心功能包括金融市场、金融机构、金融人才。金融市场细分为股票、债券、外汇、期货、保险等市场，并纳入存量和流量指标；金融机构包括商业银行、证券公司、债券、基金、保险公司等，并分行业测算规模；金融人才则要测算人才的数量以及质量。

除此之外的其他特色指标包括：CDI CFCI 和乔章凤、苏杰斯等中国学者研究结果中大量指标来源于统计年鉴，指标内容中国化，比较全面，但没有明显的突出内容；GFCI 是衡量国成熟的国际金融中心指标，使用了大量第三方指数指标进行嵌套计算，包括城市运动指数、全球连通性指数等，加入大量主观性内容，因此主观性较强；上海国际金融中心建设指标体系中强调金融国际化程度，包括人民币跨境业务量、国际债券规模、上证主要指数国际影响力等内容；江苏省金融强省指标体系中强调了科技金融部分，包括科技研发和成果转化。

第八章

广东省国际金融中心评价指标体系构建

一、指标确定的四大原则

■ 科学性：指标要体现国际金融中心的本质特征和发展规划

■ 系统性：指标体系的覆盖面全面

■ 客观性：数据来源准确客观、主观评价部分少

■ 可操作性：易量化、数据容易获得、简洁

二、指标框架确定

根据以上分析，发现指标体系的构建关键在于对国际金融中心的定位和内容分类，也在于对国际金融中心和金融强省发展的预期，具体在指标中分为七大一级指标（见图 8-1），其中基础指标四个，分别是金融产业实力、金融机构实力、金融生态环境和城市基础设施。前两个反映国际金融中心的核心功能，后两个是国际金融中心形成发展的要素。除此之外，设置三个特色一级指标。广东省在建设国际金融中心和金融强省中强调金融发展要服务于创新、服务于实体经济、服务于对外开放，因此设立三个对应指标，用于考察这三方面金融中心建设情况。

1. 金融产业实力

金融评价指标首先应从宏观层面出发，对区域金融产业实力进行综合

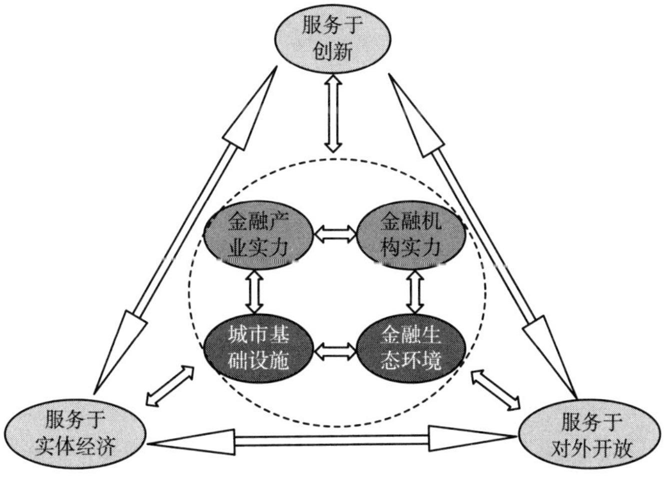

图 8 - 1　广东省国际金融中心评价指标体系框架

考量，包括金融业规模、各类金融市场发展情况和金融区域均衡发展情况三个二级指标。其中，金融规模通过金融业资产总额、金融业产值、金融业利润、金融机构本外币存贷余额等指标来反映。金融市场作为金融交易和金融创新的场所，也是评价指数的核心指标，具体包括货币市场、股票市场、债券市场、外汇市场、产权交易市场、保险市场。金融区域均衡发展情况则是根据广东省金融发展不均衡现状而设立的指标，借鉴了城市地理学的首位度概念进行测算。

2. 金融机构实力

国际金融中心汇聚各类国内外金融机构，各类机构构成了区域的金融市场。金融机构的规模实力、发展深度对金融创新和区域金融业的发展具有支撑性的关键作用，因此对金融机构的测评能够反映区域金融的竞争力。我们选取了金融机构总体情况和各类金融机构作为二级指标：总体情况包括金融机构数量和金融中介机构数量；各类金融机构包括银行、证券、期货、基金、保险，分别纳入数量质保和资产规模指标。

3. 金融生态环境

区域金融业发展的外部环境统称为金融环境，是区域金融发展的基础和前提，包括经济基础、人才环境、金融安全环境。国际金融中心的建设离不开经济基础的支撑，选取人均地区生产总值指标来衡量。金融行业作为知识密集型产业，需要大量专业化人才，金融人才的集聚能够促进市场活跃和交易产品创新，相应人才环境部分选取人才数量和人才质量两大维度。金融安全环境体现了金融市场应对风险的防护能力，包括风险防控和金融保障，具体选取了银行存贷比、不良贷款率、保险深度、保险密度等指标。

4. 城市基础设施

基础设施直接影响金融资本进入区域的流动效率。由于金融中心需要大量的资金流动、信息流动，因此依赖交通设施、服务设施和相关社会文化设施的高效率、高质量提供。首先，地理位置优越、交通便利是国际金融中心形成的基础，因此选取地区区位条件以及反映机场等交通情况的指标；其次，相关服务设施包括办公楼、能源等也为金融行业提供后勤保证，由此选取社会消费品零售总额、固定资产投资额、办公楼租金、能源消费和耗电量作为指标；最后，社会文化保障主要指区域的教育水平，因为除了需要金融人才之外，区域的高居民质量也是进行国际金融中心建设的保证。

5. 服务于创新

“金融支持创新”是《广东省人民政府办公厅关于金融服务创新驱动发展的若干意见中》（以下简称《意见》）提出的概念。文件中提到，要大力发展创业投资和风险投资，助力创新产业发展与升级；鼓励开辟科技信贷绿色通道、设立科技企业孵化器，促进科技金融发展；打造企业融资“直通车”，促进创新型、科技型、成长性小微企业发展；运用互联网金融支持创新创业发展，规范互联网支付、网络借贷、股权众筹融资等互联网金融新业态。根据以上要求和发展方向，设立相应二级指标，包括风投创投、科技金融、金融新业态、金融数字化。其中，风投创投下纳入登记私募基金管理人数量、注册 VC/PE 数量和规模等指标；科技金融部分分别测算研发投入和成果转化情况；金融新业态着眼于小额贷款公司贷款情况；金融数字化采用北京大学互联网金融发展指数。

6. 服务于实体经济

在“金融支持实体经济”方面，《意见》提出募集社会资本，发挥杠杆效应，撬动更多的社会资本支持创新驱动发展；促进多层次资本市场发展，支持企业改制上市或者到新三板和区域性股权交易场所挂牌；扩大债务融资发行规模等内容。因此，相应设立实体经济指标、挂牌融资、基金融资三大二级指标。其中，实体经济指标包括传统制造业企业贷款情况、社会融资规模和成本等；挂牌融资指标包括 A 股上市公司数量、市值、新三板、新四板市场企业挂牌矢量和交易金额等；基金融资指标则包括产业投资基金规模、社会融资和直接融资情况。

7. 服务于对外开放

建设国际金融中心，必须强调“国际”。广东国际金融中心的建设要服务于对外开放，不仅表现于要深入贯彻“一带一路”建设规划，深化与沿线国家的金融产业交流，吸引外资落户，加大外资利用程度；也需要扩大跨境人民币业务，提升人民币在贸易和投融资中使用的比重，探索人民币国际化新通道；支持企业开展跨境并购业务。同时，人才作为金融产业的重要因素，必须重视金融人才的境内外交流，需完善境外金融人才引进机制，促进高端金融人才跨境流动。通过充分利用境内外资源，提升区域金融国际竞争力。据此设立了外资利用程度、跨境人民币业务、对外开放广度、对外开放深度作为二级指标。外资利用程度指标包括外资金融机构入驻以及外国直接投资（FDI）情况；跨境人民币业务指标包括跨境人民币结算业务和贷款业务等；对外开放广度指标从对外开放的范围大小出发，测评进出口总额、跨境并购和跨境电子商务业务量等三级指标；对外开放深度则是从外资占比和对外开放的支撑保障体系出发，计算外资出资情况和国际金融人才比例等。

由此形成的指标体系如表 8－1 所示。

表 8-1 广东省国际金融中心评价指标体系

一级指标	二级指标	三级和四级指标
金融产业实力	金融业规模	金融业资产总额、金融业生产总值占 GDP 比重、金融业利润、金融业税收、金融机构本外币存款余额占 GDP 比重、金融机构本外币贷款余额占 GDP 比重
	金融市场	证券期货交易额、债券交易额、日均外汇交易额、产权交易市场年成交额、保费收入
	金融效率	金融业增加值/金融业固定资产投资
	均衡发展	金融业发展区域协调程度
	结构优化	直接融资比例（金融中介率）
金融机构实力	总体情况	金融机构数量、全球 500 强金融服务企业榜单上榜数量
	各类金融机构	银行数量（主要商业银行的本地法人商业银行数量、商业银行支行数量）、主要商业银行的本地法人银行资产总规模、证券营业部数量、期货公司数量、证券公司资产总额（基金规模、基金净值、公募基金数量）、基金管理公司资产总额、保险法人机构数量和保险业总资产
金融生态环境	经济基础	人均地区生产总值
	人才环境	金融从业人员总数、金融从业人员受教育程度、金融从业人员平均工资
	风险防控	不良贷款率
	保障能力	保险深度、保险密度
城市基础设施	交通条件	高铁站数量密度、航空客运量
	相关服务设施	社会消费品零售总额、城市基础设施占总投资比重（固定资产投资量）、办公楼面积
	社会文化环境保障	教育水平（每万人口普通高校在校学生数量）、文化娱乐（每万人电影院剧院数量、万人公共图书总藏量）、环境情况（人均公共绿地面积、空气质量优良率）
金融支撑实体经济力度	实体经济指标	传统制造业企业贷款增长量和占比、社会融资规模、社会融资成本、小微贷款利率
	挂牌融资	境内外上市公司数量和市值、本地上市公司 A 股总市值、新三板挂牌企业数量、OTC（新四板市场）挂牌企业数量/私募债融资额交易金额
	基金融资	产业投资基金数量和总规模、社会融资规模、全口径直接融资余额
	普惠金融	小额贷款公司贷款余额占各项贷款余额比例、小微企业贷款获得率、农户贷款余额占各项贷款余额比例、每十万人拥有的 ATM 数量、金融机构分支数量

续表

一级指标	二级指标	三级和四级指标
金融支撑创新力度	风投创投	在基金业协会登记的私募基金管理人数量（中国证券投资基金业协会信息公示）、注册 VC/PE 数量（包括股权投资、创业投资及管理机构等各类风险投资基金）、风险投资基金规模（VC/PE 资本）
	科技金融	研发投入（科技企业孵化器密度、R&D 经费、R&D 人员）、成果转化（专利授权量、有效发明专利数量、高新技术产品产值、出口产出率；高技术产业出口额/科技经费支出）
	绿色金融	废物综合利用率、绿色信贷业务规模和占比、绿色金融产品数量、碳金融（碳排放权交易量）、绿色证券（环保企业市值占比）、绿色保险（农业保险规模占比）
	金融新业态	数字货币、小额贷款公司贷款余额、小微企业贷款获得率
	金融数字化	互联网金融推动力度（北京大学互联网金融发展指数）
金融支撑对外开放力度	外资利用程度	外资金融机构数量和资产规模、外商直接投资合同金额、当年实际利用 FDI 总额、外国直接投资（FDI）占 GDP 比重、外资银行占银行总数的比例、银行等金融机构外币存款与本地货币存款之比
	跨境人民币业务	跨境人民币结算业务量、跨境人民币贷款金额、用本币发行的国际债券数量
	对外开放广度	进出口总额、多边金融机构数量、跨境并购（中国跨境并购百强名单数量）、跨境电子商务进出口总额及增长率、地区保税区数量（和地理位置有关系）
	对外开放深度	外资占固定资产投资出资的比重、现有国际金融中心排名、国际金融人才（外籍金融业从业人员占全部金融业从业人员比例）

三、指标体系赋权

广东省国际金融中心评价指标体系内容较为全面，考察范围广泛。由于在数据获取方面的困难，先根据以上体系挑选重要指标，得出一个金融强省建设指标体系基础版。在指标赋权方面，常用的方法有层次成簇分析法、主要因素分析法、因子分析法和聚类分析法、熵值法、最小二乘法、非线性加权最小方差等回归方法、模糊判断法、模糊曲线分析法、层次分析法以及专家确定法（德尔菲法），其中，在数据未获得的情况之下，能够选取的方法有模糊判断法、层次分析法（AHP）以及专家确定法。本指标体系借鉴学者们较为认同的层次分析法，它是一种系统分析与决策的综合评价方法，能够较为合理的解决定性问题定量化的处理过程。AHP 的主要特点是通过建立递阶层次结构，把专家判断化为若干因素两两之间的重要性比较，把难于量化的定性判断转化为可操作的定量化的处理过程。本质是一种思维方式，把复杂问题分解成多个组成因素，又将这些因素按支配关系分别形成递阶层次结构（邢红宇等，2005），通过两两比较的方法确定决策方案相对重要度的总的排序，从而获得一个较为科学的结论。

对于一级指标和二级指标而言，层次分析法的步骤包括，构造成对比较矩阵、层次总排序权值计算、一致性检验三个步骤，然后通过专家经验法进行微调，使得一级指标的权重更加具有权威性。对于三级指标和四级指标而言，指标之间重要程度相似，因此借鉴 IFCD 新华—道琼斯国际金融中心发展指数，采用等权重的方式赋权，避免由于定量分析而造成相同类型指标间权重差距过大，尽量做到权重确定的公平性。

其中，在构造比较矩阵并为矩阵赋值时，常用的是 1～9 标度法，即在比较两个因素时，根据相对关系的强弱，用数字 1～9 来为判定矩阵的每个元素赋值。标度数值为 1 表示两个因素相比具有相同重要性，标度数值为 3、5、7、9 则分别表示两个因素相比，前者比后者稍重要、明显重要、强烈重要和极端重要[①]。当然，可以赋值 2、4、6、8 表示上述相邻判断的中间值。在本指标体系中，采用以下赋值，A1～A7 分别表示七大一级指标，对于二级指标同理见表 8－2。

表 8－2　　广东省国际金融中心评价指标体系指标赋值

	A1	A2	A3	A4	A5	A6	A7
A1	1	1	3	3	1	3	1
A2	1	1	3	4	2	3	2
A3	1/3	1/3	1	3	1/2	3/5	1/2
A4	1/3	0.25	1/3	1	1/2	1	1/2
A5	1	0.5	2	2	1	3	1
A6	1/3	1/3	5/3	2	1/3	1	1/2
A7	1	0.5	2	2	1	2	1

在此基础上计算出来的指标权重经过修正、专家二次访谈修正，得到表 8－3 所示的指标体系。

① 张宝刚：《基于物元分析法的连云港港进港航道通航环境风险评价研究》，武汉理工大学硕士论文，2010 年。

表 8-3　　广东省国际金融中心评价指标体系权重

一级指标	二级指标	三级和四级指标（权重都为 1/n）
金融产业实力（0.2）	金融业规模（0.3）	金融业总资产、金融业生产总值占 GDP 比重、金融业税收占税收比重、金融机构本外币存款余额占 GDP 比重、金融机构本外币贷款余额占 GDP 比重
	金融市场（0.3）	证券期货交易额、交易场所全年交易额、货币市场银行间市场成员拆借交易量、银行业金融机构资产总额、保费收入、企业债发行额
	金融效率（0.2）	金融业增加值/金融业固定资产投资
	结构优化（0.2）	直接融资比例（金融中介率）
金融机构实力（0.2）	总体情况（0.4）	金融机构数量、列入中国金融 500 强名单机构数量
	各类金融机构（0.6）	商业银行机构网点数量、法人证券公司机构网点数量、证券营业部数量、保险公司数量
金融生态环境（0.1）	经济基础（0.3）	人均地区生产总值
	人才环境（0.2）	金融从业人员总数、金融从业人员平均工资
	风险防控（0.2）	不良贷款率
	保障能力（0.3）	保险深度、保险密度
城市基础设施（0.1）	交通条件（0.3）	铁路旅客运量、民用航空客运量
	相关服务设施（0.4）	社会消费品零售总额、每万人固定资产投资（不含农户）
	社会文化环境保障（0.3）	每万人普通高校在校学生数量、每百人公共图书馆藏书量、建成区绿化覆盖率、空气质量达标率
金融支撑实体经济力度（0.15）	实体经济指标（0.3）	社会融资规模、工业生产总值
	挂牌融资（0.5）	境内上市公司数量、当年国内股票 A 股筹资、新三板挂牌企业数量、中小企业私募债发行额
	普惠金融（0.2）	每十万人拥有的 ATM 数量
金融支撑创新力度（0.1）	投资基金（0.25）	在基金业协会登记的私募基金管理人数量、股权投资基金规模
	科技金融（0.25）	研发投入（R&D 经费、R&D 人员）、成果转化（专利授权量、技术合同年成交额）出口产出率：高技术产业出口额/科技经费支出
	绿色金融（0.2）	废物综合利用率
	金融新业态（0.2）	小额贷款公司机构数量、小额贷款公司贷款余额
	金融数字化（0.1）	互联网金融推动力度（北京大学互联网金融发展指数）
金融支撑对外开放力度（0.15）	外资利用程度（0.5）	外资占固定资产投资出资的比重、境外上市公司数量、当年实际使用外资金额
	跨境人民币业务（0.3）	跨境人民币结算业务量
	对外开放广度（0.2）	进出口总额

注：括号内为权重标识。

以上数据来源于各年鉴、金融运行年报、金融相关机构的统计数据以及其他行业分析报告等。除了金融数字化采用了第三方指标之外，其他指标都采用客观数据。首先对各项指标设定基准值，初步将北京 2014 年度的数据作为锚定基准值，其他省份的标准化得分取决于城市指标原始值和锚定基准值之间的比例关系。对于正指标，标准化得分为指标原始值除以锚定基准值；对于逆指标，标准化得分为锚定基准值除以指标原始值。根据 2014 年的数据计算，横向比较了北京、上海、江苏、浙江、广东五个金融产业发展领先地区，结果如表 8－4 所示。

表 8－4　京、沪、苏、浙、粤五省市金融产业发展情况比较

	北京	上海	江苏	浙江	广东
金融产业实力	100	157.8559995	44.141893	52.20435823	64.30073318
金融机构实力	100	90.38023049	51.09771478	62.19145358	51.1270537
金融生态环境	100	102.5554276	103.036473	130.6771621	104.9614291
城市基础设施	100	86.25494046	71.32562629	70.5786202	62.19123601
金融支撑创新力度	100	83.32224325	211.146127	140.8855354	180.9216983
金融支撑实体经济力度	100	153.8722042	203.1412413	127.7837204	200.0365622
金融支撑对外开放力度	100	249.0534976	88.80820566	92.70149605	107.0965122
总　分	100	133.7718644	101.7914055	90.82116736	103.0072117

根据对以上结论的分析，可以发现，所构建的金融强省建设指标体系，广东最终得分（103.01），排名第二，仅次于上海。除此之外，江苏、北京和浙江分别位列第三、第四和第五名。通过对一级指标得分的分析发现，广东在金融生态环境、金融支撑创新力度、金融支撑实体经济力度和金融支撑对外开放力度上得分较高，排名领先，而在金融产业实力、机构实力和城市基础设施建设上得分相对较低，需要加强相关建设。

以上构建的指标体系用于与外省份的横向比较，而以下指标体系的构建更加立足于广东省内，用于对应参考金融强省的建设，通过自身纵向比较，总结金融强省的建设情况，确定未来金融产业的发展方向，增强相关服务能力。在广东金融强省发展指数体系构建中，主要参考广东金融工作的相关文件，在具体指标的选择上，借鉴其他通用指标的选取和部分学者研究内容，形成的体系如表 8－5 所示。对纵向金融强省指标体系的权重，一级指标和二级指标同样采用层次分析法进行测算，三级指标数量较少，采用等权重方法赋值。

表 8－5　　　　　　　　广东金融强省建设指标体系

<table>
<tr><th>一级指标</th><th colspan="2">二级指标</th><th>2021 年目标值</th></tr>
<tr><td rowspan="9">金融发展指标（25%）</td><td rowspan="3">金融产业实力（40%）</td><td>金融机构总资产（33.3%）</td><td>50 万亿元</td></tr>
<tr><td>金融业增加值（33.3%）</td><td>1.1 万亿元</td></tr>
<tr><td>金融业增加值占 GDP 比重（33.3%）</td><td>10%</td></tr>
<tr><td rowspan="3">金融机构规模（20%）</td><td>金融机构存款规模（33.3%）</td><td>28 万亿元</td></tr>
<tr><td>金融机构贷款规模（33.3%）</td><td>18 万亿元</td></tr>
<tr><td>全省法人金融机构数量（33.3%）</td><td>500 家</td></tr>
<tr><td rowspan="3">挂牌融资情况（30%）</td><td>境内上市公司数量（33.3%）</td><td>700 家</td></tr>
<tr><td>新三板挂牌企业数量（33.3%）</td><td>3000 家</td></tr>
<tr><td>区域性股权交易中心挂牌企业数量和融资量（33.3%）</td><td>35000 家</td></tr>
<tr><td rowspan="3">金融发展指标（25%）</td><td rowspan="3">保险业（10%）</td><td>保费收入（33.3%）</td><td>6000 亿元</td></tr>
<tr><td>保险深度（33.3%）</td><td>5%</td></tr>
<tr><td>保险密度（33.3%）</td><td>5000 亿元</td></tr>
<tr><td rowspan="2">金融风险防控（10%）</td><td colspan="2">不良贷款率（50%）</td><td>低于全国平均</td></tr>
<tr><td colspan="2">协调监管能力（50%）</td><td>需指标体系嵌套</td></tr>
<tr><td rowspan="5">金融生态环境（15%）</td><td colspan="2">信用平台：金融账户实名制比例（12.5%）</td><td>100%</td></tr>
<tr><td colspan="2">信用平台：广东公共信用信息系统入库率（12.5%）</td><td>95%</td></tr>
<tr><td colspan="2">金融监管透明度（30%）</td><td>需指标体系嵌套</td></tr>
<tr><td colspan="2">金融从业人员占社会就业人员比例（25%）</td><td>3%</td></tr>
<tr><td colspan="2">每万人剧场、影剧院数量（20%）</td><td>1 个</td></tr>
<tr><td rowspan="3">金融服务实体经济（10%）</td><td colspan="2">社会融资规模（30%）</td><td>5 万亿元</td></tr>
<tr><td colspan="2">直接融资比例（40%）</td><td>40% 以上</td></tr>
<tr><td colspan="2">基础设施投资增速（30%）</td><td>15%</td></tr>
<tr><td rowspan="6">科技金融（10%）</td><td colspan="2">金融科技化（北京大学互联网金融发展指数）（15%）</td><td>需指标体系嵌套</td></tr>
<tr><td colspan="2">每万人发明专利拥有量（15%）</td><td>20 件</td></tr>
<tr><td colspan="2">国家级创新平台数量（20%）</td><td>10 个</td></tr>
<tr><td colspan="2">科技企业孵化器数量（15%）</td><td>300 个</td></tr>
<tr><td colspan="2">技术交易额（20%）</td><td>1000 亿元</td></tr>
<tr><td colspan="2">创业投资基金年投资规模（15%）</td><td>1000 亿元</td></tr>
</table>

续表

一级指标	二级指标	2021 年目标值
国际金融（10%）	外资金融机构资产总额的市场份额（10%）	5%
	人民币跨境结算业务量（30%）	30 万亿元
	人民币海外投贷基金规模（30%）	—
	国际债券规模（30%）	—
普惠金融（10%）	小额贷款公司贷款余额占各项贷款余额比例（20%）	10%
	小微企业贷款获得率（20%）	95%
	涉农贷款余额占各项贷款余额比例（40%）	35%
	ATM 密度：每十万人拥有的 ATM 数量（20%）	80 台
绿色金融（10%）	碳金融：碳排放权交易量（25%）	3 亿元
	绿色信贷业务规模和占比：向绿色产业投放的信贷余额（20%）	15% ~20%
	绿色证券：环保企业市值占比（20%）	1.5%
	绿色保险：农业保险保费收入占比（20%）	3%
	废物综合利用率（15%）	97%

注："2021 年目标值"为建成金融强省的指标值；括号内为权值。

第三篇

粤港澳大湾区金融改革创新

湾区经济作为重要的滨海经济形态，是当今国际经济版图的突出亮点，是世界一流滨海城市的显著标志。[①] 湾区已成为带动全球经济发展的重要增长极和引领技术变革的“领头羊”。粤港澳大湾区“9+2”格局包括珠三角九市以及港澳地区，是中国外向型程度最高的经济区，经济总量2017年约为10万亿元。

粤港澳大湾区正式上升至国家战略层面受到世界瞩目，其中金融改革创新是重要一环。2017年习近平总书记在第五次全国金融工作会议中强调：金融是国家重要的核心竞争力，要坚定地深化金融改革。做好粤港澳大湾区的金融改革创新，需要对湾区内金融改革整体情况进行深入分析，从宏观环境，湾区整体及主要城市金融发展现状、条件与挑战等方面着手，提出粤港澳金融改革创新的政策建议。

① 唐天均、谢林伸、彭溢等：《东京湾水环境治理对深圳的启示》，载于《环境科学与管理》2014年第12期。

第九章

粤港澳大湾区金融改革创新的宏观环境

一、全球层面：机遇与风险并存的经济全球化

1. 经济全球化是粤港澳大湾区最大的战略性机遇

经济全球化是粤港澳大湾区最大的战略性机遇。全球资本的流动正不断寻找生产能力最强、劳动价格最便宜、市场网络最大的区位组合，跨国公司不断进行“全球扫描”以寻求不同劳动过程的最佳空间。而受到良好教育的劳动力、有竞争力的基础设施、创造性的环境、包容而完备的金融服务体系以及支持性的政府，都是经济全球化过程中最具竞争力的要素。

包括粤港澳大湾区在内的中国东部沿海地区已经成为全球资本寻求增值的最佳空间选择。粤港澳大湾区内的广州、深圳、香港、佛山、东莞、澳门等诸多城市已经成为日益扁平化的全球生产体系中的重要节点。近10年来，全球经济一体化进程中一个最显著的变化是，全球跨国集团已经不仅把中国简单地作为制造中心、销售市场中心，而且开始利用中国的智力资源来建立研发中心、服务中心、营销中心、物流中心、运输中心，甚至金融中心。持续、广泛、深入的全球分工与合作，将为粤港澳大湾区的发展带来前所未有的战略机遇期。

2. 经济全球化的潜在风险越来越大

经济全球化的风险正在不断增加。如果说10年前金融风暴席卷亚洲时，粤港澳大湾区尚屹立于危机边缘的话，那么随着粤港澳大湾区经济嵌

入全球体系程度的不断加深，危机可能时刻就在身边，甚至就在自身之内。在未来相当长一段时间内，日益复杂、竞争激烈的全球贸易环境所带来的种种制约，以及长期以来的粗放型经济增长模式将遭遇的能源、资源与环境紧约束，将给这一经济活力一直旺盛的地区带来严峻的挑战。

全球化风险的管理和应对需要在坚持正确发展道路和模式的基础上，进一步深化改革创新。在金融领域，习近平总书记在2017年全国第五次金融工作会议上强调，发展资本市场是中国的改革方向。在资本全球化步伐日益提速的同时，我们要防范化解金融风险，加快形成融资功能完备、基础制度扎实、市场监管有效、投资者权益得到充分保护的资本市场。积极培育公开透明、健康发展的资本市场，更好地引导资金流向，支持符合条件的企业上市融资、发行债券、并购重组，优化资源配置，助力企业做大做强，进而推动经济转型升级。创新金融风险管理工具，做好风险防范工作。在区域金融发展方面，要谋求走自主式发展、约束式发展、主动合作式发展的道路。

二、国家层面

1. 金融改革是经济新常态阶段的发展重点之一

中国经济进入“新常态”，经济转型升级的紧迫性尤为突出，对改革红利的追求就更为迫切。党的十八届三中全会特别强调中国经济改革的主要任务是市场化改革，要让市场在资源配置中起决定性作用，而金融的主要功能就是配置资源，中国金融改革无疑是中国经济市场化改革的重中之重。2014年是中国金融改革启动的重要一年，金融领域多方面的改革都令人印象深刻，包括存款保险制度的设计、民营银行准入、“沪港通”等在内的改革方案引起了市场积极的反应，金融调控和监管手段也体现出新意，同时人民币国际化也获得了阶段性进展。这些改革都为2015年金融改革的进一步深入在蓄力，为保障经济平稳运行，中国金融改革的步伐有望继续加快，不断深化落实（吴卫星，2015）。

“新常态”下我国经济运行主要有以下几个特征：一是经济增速明显回落，由高速增长向中高速增长转型；二是产业结构优化升级，国际产业分工从中低端向中高端转型；三是增长动力转换，经济增长由投资拉动向创新驱动转型。完成上述三个转型，不仅是当前全国经济运行面临的主要矛盾，也是粤港澳大湾区（特别是珠江三角洲内地各城市）面临的主要矛盾。这就决定了：只有创造性地贯彻中央围绕“新常态”的一系列重大方针和决策（如“五大发展理念”“供给侧结构性改革”），才能推动粤港澳大湾区城市群的健康可持续发展。

湾区经济的发展特征是开放的经济结构、高效的资源配置能力、强大的集聚外溢功能以及发达的国际交往网络。粤港澳大湾区拥有漫长的海岸线，位于东北亚和东南亚的战略要塞，拥有香港、深圳、广州三个世界级大港口，制定粤港澳大湾区发展规划，对于在经济新常态下整合我国现有的区域经济和产业资源，应对全球产业转型升级的新挑战以及保持我国经济的可持续增长态势具有深远意义。

2. “一带一路”建设为大湾区金融改革创新注入动力

“一带一路”建设促进金融改革创新。推进“一带一路”建设是一项宏大复杂的系统工程，涵盖了中亚、东南亚、南亚、西亚乃至欧洲、北洲部分区域，涉及亚太经济圈和欧洲经济圈两大经济圈，涉及的经济规模总量达 21 万亿美元。“一带一路”工程建设进入务实推进阶段以后，需要推动基础设施的互联互通，扩展产业和装备制造业的合作，需要金融改革创新以及创新金融的引导服务。粤港澳大湾区作为“一带一路”的重要支点，汇聚了香港、澳门、广州、深圳、珠海、东莞等明星城市，具备交通基础设施连接、产业聚集、产业互补等优势，是中央政府在新时期统筹粤港澳发展的全新战略规划。

“一带一路”建设也将为金融创新发展和“走出去”创造更加广阔的空间，截至 2015 年 5 月底，中国对“一带一路”沿线 64 个国家和地区的累计投资达到了 1612 亿美元，占对外投资总额的 20%。[①]“一带一路”沿线国家和地区正在成为中国企业对外投资的重点。金融改革创新助力“一带一路”建设，推进中国全方位的对外开放布局，提升金融业核心竞争

① 《中国对“一带一路”64 个国家/地区累计投资 1612 亿美元》，人民网，2015 年 7 月 7 日。

力。金融业跟随客户的步伐进入"一带一路"沿线国家，加快与全球接轨，获得海外客户和市场，重新布局价值链，不仅有利于中国的金融业增强全球资源配置的能力，还将通过全球业务布局，分散不同市场的风险，提高核心竞争力。

"一带一路"建设对金融改革创新的挑战。中国金融机构大而强，金融业国际竞争力不足，具体表现在许多金融机构虽然已经开始全球布局，但在人才储备、产品审计和定价风险控制、研究支持等核心能力建设上与世界一流金融机构仍有明显差距，金融基础设施建设相对滞后，金融市场开放程度不高，金融产品不够丰富，投资便利化和风险管理功能比较薄弱。在推进"一带一路"建设过程中，中国金融机构和金融业必须加快金融创新，构建与经济全球化和开放型经济体制相适应的金融体系，推动政策性金融与商业性金融相结合，推动金融资本与产业资本迅速融入"一带一路"建设和经济区域一体化之中，充分发挥引导资源配置和优化投资效果的重要作用。

三、区域层面

1. 粤港澳大湾区建设上升至国家战略

国家确立粤港澳大湾区战略，是从全球坐标出发谋划增创竞争新优势，不仅强化了港澳地区的"超级联系人"地位，而且也将进一步推动国际科技产业创新中心的形成。作为粤港澳大湾区的倡议者，深圳一直强调深化粤港澳合作，无论是建设渐入佳境的前海，还是刚刚完成签约的河套，湾区经济的雏形已现。有了国家的城市群发展规划，大湾区将汇聚更多的资源，迸发更大的能量。纽约湾区，世界湾区之首，世界金融的核心中枢，制造业产值占全美的30%以上，被视为美国经济的中心；东京湾区，以制造业、重化工业为主的工业带，产值占日本GDP的40%；旧金山湾区则是世界上重要的高科技研发中心之一，拥有全美第二多的世界500强企业。由此可见，打造"粤港澳大湾区"将对珠三角乃至全国的经济发展起到巨大的推动作用。

2. 广东自贸区批复后的金融创新需求激增

广东自贸区金融改革创新多元发展。广东自贸区定位于推动内地与港澳经济深度合作，加强对香港地区、澳门地区高端服务业的开放、衔接、转移，在 CEPA 框架下实现粤港澳服务贸易自由化。在金融创新方面推动跨境人民币业务创新发展，推动人民币作为自贸试验区与港澳地区及国外跨境大额贸易和投资计价、结算的主要货币。自成立后入驻金融企业数量全国第一；外资银行以及香港银行营业性机构全国第一；全国首创跨境金融指数，创新设立合格境内投资者境外投资试点（QDIE）；发行国内首只公募房地产信托投资基金（REITS）；发行了自 2005 年国际多边金融机构获准于银行间市场发行熊猫债以来的首只交易所市场公募的熊猫债；推出国内第一批“电子证照银行卡”；推出全国首个跨境公交受理金融 IC 卡项目。截至 2016 年 3 月，前海蛇口、南沙、横琴新区片区已分别集聚了各类金融机构和创新型金融企业 39197 家、1090 家及 2557 家，总计 42844 家。[①]

三大金融自贸片区金融改革创新错位发展。广东自贸区金融改革以推动创新发展为首要责任，在构建金融改革创新规则体系、推动自贸区跨境人民币业务创新发展、推动自贸区外汇管理改革以及推动自贸区金融服务创新等方面创下了多个全国第一，自贸区金融“2.0”时代来临。广东横琴、南沙、前海自贸区挂牌一年多以来，已经初步形成一块立足珠三角、联动粤港澳的深化改革试验田，在粤港澳深度合作的基础上实现错位发展。一是深圳前海蛇口片区，主要目标是希望在人民币资本项目下的自由兑换以及建设跨境人民币结算中心方面取得进展。二是广州南沙新区片区。作为广东自贸区之中面积最大的片区，南沙将重点发展国际航运中心，而南沙的金融创新也侧重在特色金融方面，换言之，将围绕与航运相关的金融产品和服务的试验来展开。三是珠海横琴新区片区。该片区因为地处珠江三角洲的西岸，而粤西地区迫切需要一个区域性的金融中心和经济中心，把来自香港作为国际金融中心的影响力吸纳过来，经过横琴的“改良”之后，再辐射到粤西地区。此外，在“一带一路”的建设规划下，

① 《广东金融业创造全国多个第一》，人民网，2016 年 6 月 7 日。

横琴所侧重的面向葡语系国家的跨境电商贸易的扩大也需要金融的支持。

3. “一国两制”是粤港澳大湾区的最大特色

“一国两制”是粤港澳大湾区最为重要的特征，也是其区别于其他湾区的最独特优势。与纽约湾区、旧金山湾区以及东京湾区不同的是，粤港澳大湾区并不是在同一个政治经济体制下运行的。在“一国两制”条件下，制度的多样性和互补性是粤港澳区域合作的优势，也可成为推动合作的动力。对于粤港澳大湾区而言，港澳的作用非常重要。在2017年的政府工作报告中提到粤港澳大湾区时，李克强总理用的是四句话：“要推动内地与港澳深化合作，研究制定粤港澳大湾区城市群发展规划，发挥港澳独特优势，提升在国家经济发展和对外开放中的地位与功能”①。这四句话是把粤港澳大湾区跟港澳的发展联系在一起，把粤港澳大湾区和提升港澳在国家发展中的地位联系在一起，因此，粤港澳大湾区是实践“一国两制”的重要平台。

自改革开放“三来一补”② 算起，广东与香港、澳门的合作即将进入“四十不惑”之年。粤港澳大湾区中的香港和澳门是独立的关税区与自由港，在经济和政治上都享有比内地省份更大的自主权与决策权。改革开放以来，港澳一直是珠三角连接国际市场的桥梁，是外资进入珠三角的通道。随着内地企业大规模对外投资，港澳扮演内地企业“走出去”平台的作用日益显现。港澳的独特优势除了其服务体系外，还主要体现在经济要素流动的高度自由性及与国际接轨的法律体系。经济要素的流动体现在全球都可以在港澳无障碍投资，促进其资本流动，香港与大多数国家都有护照免签协议，人员流动频繁。另外，高度自由开放的社会氛围使信息流动及获取十分顺畅，香港的货物清关比较简便也有利于商品流动。而香港长期进行国际贸易活动，在相关法律体系上也可以为内地提供印证的参考。

香港作为国际金融中心，其优势在于金融市场与国际接轨、相关法制符合国际监管环境、资金和信息完全流通，并且完全面对国际市场等。香港可以利用“一国两制”的独特优势，帮助内地企业走出国门，参与国际

① 《李克强谈港澳台工作》，新华网，2017年3月5日。

② “三来一补”是贸易术语“来料加工”“来料装配”“来样加工”和“补偿贸易”的简称。

竞争，同时在这一过程中巩固自身的国际金融中心地位。同时，香港以创新思维支持中国内地企业“走出去”（陈家强，2010）。通过股权、债权相结合，直接融资、间接融资相结合等改革方式，创新融资方式，为企业提供全方位融资安排。

4. 粤港澳大湾区金融创新基础坚实且需求迫切

近年来，粤港澳三地不断在 CEPA 框架下深化金融合作：港资银行已实现在广东所有地级市全覆盖，营业性机构数量约占全国的 40%；港澳与广东累计跨境人民币结算金额超 12 万亿元，办理跨境人民币贷款业务备案金额 1658 亿元；广东赴港上市企业超过 230 家，“深港通”顺利开展，QFLP 和 QDLP 等试点拓宽了三地间股权融资渠道；粤港合资设立消费金融公司、证券投资咨询公司、基金管理公司，粤澳共同设立合作发展基金，三地联合打通跨境移动支付应用，并且在沟通机制、人员往来、业务交流等方面也积累了丰富经验。[①] 通过深化合作，不仅巩固提升了香港国际金融中心地位，也提高了广东金融国际化水平，在最新一期的全球金融中心城市排名中，香港、深圳和广州分别位列第 3 名、第 12 名和第 19 名，[②] 深圳和广州进步迅速，同时，港交所和深交所近年来融资规模经常位居世界各大交易所首位。

《粤港澳大湾区发展规划纲要》的出台为粤港澳金融发展带来了新的机遇：一是大湾区产业加快从数量扩张到高质量发展转型，尤其是穗深港科技创新走廊的形成，对生产性服务尤其是现代金融服务需求愈发强烈；二是随着国家进一步扩大金融开放、企业“走出去”速度加快，需要粤港澳大湾区发挥金融开放重要窗口作用，为国际金融开放积累经验，同时，人民币国际化为大湾区带来了巨大的跨境资产配置需求；三是大湾区实体经济发达、人口结构年轻，内生的金融市场发展潜力广大。

虽然广东珠三角地区和港澳分别都是国内乃至国际金融最发达的地区之一，但从区域整体看，在“三税区、三法律、三货币”架构下，大湾区

---

①② 《加快金融融合发展 建设国际金融枢纽》，广东省融资担保业协会网站，2019 年 2 月 28 日。

内部仍存在各种有形或无形的市场准入障碍，金融基础设施没有完全联通，征信数据不能互认互享，金融资源自由流动难以实现，制度性成本较高。例如，香港、澳门有大量低成本资金，而珠三角基础设施建设有巨大的资金缺口，但港澳资金进不来。金融资源是先导性因素，其流动效率会影响资源优化配置，影响产业链、创业链的融合重构，也难以建设成为世界一流湾区。与长三角相比，粤港澳大湾区内部人员流动频次偏低。要真正实现人流、物流、信息流、资金流充分流动，更加高效地配置资源要素，金融要成为先导性的重要抓手，然后以资金链引导创新链、带动产业链。要抓住国家新一轮金融开放和人民币国际化历史机遇，在体制机制上取得突破，将粤港澳大湾区建设成为国际化的人民币资产配置中心，吸引境内外中长期资金在大湾区内开展投资，并探索境内资金开展境外投资的可行性政策，同时积极试验中国对接国际金融市场和金融规则的各种可能方案，为国际社会观察中国金融改革开放提供一个重要窗口，增强其对我国金融发展的认同感和长期信心。还要充分利用信息革命成果，把粤港澳大湾区建设成为国际金融科技创新中心，抢占未来金融发展的创新制高点，并用金融科技解决金融监管的难点和痛点问题。

第十章

粤港澳大湾区金融发展概况

一、粤港澳大湾区社会经济发展概况

1. 经济发达活跃

2015 年，粤港澳大湾区经济规模为 1.36 万亿美元，其中港口集装箱年吞吐量超过 6500 万标箱，机场旅客年吞吐量达 1.75 亿人次，是亚太地区经济最具活力、最具发展潜力的地区之一。①

2. 外向型经济特征明显

2015 年，粤港澳大湾区对外货物贸易额超过 2 万亿美元。② 粤港澳大湾区是全球投资最活跃的区域，香港 2011～2015 年吸引外商直接投资年平均额超过 1000 亿美元，湾区内地九市实际利用外商直接投资额占内地实际利用外资总额的 1/5（具体见表 10－1）。粤港澳大湾区也是中国重要的对外直接投资输出地，2013～2015 年非金融类对外直接投资平均存量超过 1900 亿美元，占到中国（不含港澳台地区）的 1/4；2013～2015 年非金融类直接对外投资平均流量近 190 亿美元，占到中国（不含港澳台地区）的 7% 以上。③

---

① 《粤港澳大湾区：瞄准世界湾区经济新高地》，载于《南方都市报》2017 年 10 月 15 日，AA04。

②③ 麦婉华：《世界首个“跨境”大湾区横空出世》，载于《小康》2017 年第 6 期。

表 10 - 1　　广东利用外资情况

年份	全国实际利用外资（亿元）	广东实际利用外资（亿元）	广东利用外资占全国比例（%）
2011	1177.0	223.3	18.97
2012	1132.9	241.1	21.28
2013	1187.2	253.3	21.33
2014	1197.1	272.8	22.79
2015	1262.7	270.3	21.40

资料来源：广东省统计信息网、国家统计局。

3. 产业结构高级化发展

以先进制造业和现代服务业为主，港澳地区服务业增加值占 GDP 比重均在 90% 左右，金融、旅游、贸易、物流、法律、会计、商业管理、餐饮、博彩等行业发达。内地九市产业体系比较完备，制造业基础雄厚，正向先进制造升级，产品科技含量不断提升，金融、信息、物流、商务、科技等高端服务业发展较快，已形成先进制造业和现代服务业双轮驱动的产业体系。

二、粤港澳大湾区金融业发展情况

1. 大湾区金融发展基本概况

（1）粤港澳人湾区和京津冀、长三角金融业增加值对比。如图 10 - 1 所示，2015 年粤港澳大湾区地区生产总值为 84472.45 亿元，占我国（含港澳地区，不含台湾地区）生产总值（682635.10 亿元）的比重为 11.99%，金融业增加值占我国金融业增加值（60596.80 亿元）的比重为 14.16%。同期，京津冀地区（包括京津冀三省）生产总值的（69358.89 亿元）占比和金融业增加值（7010.43 亿元）占比分别为 9.84%、11.57%。长三角地区（包括沪苏浙三省市）生产总值（138126.32 亿元）占比和金融业增加值（12388.56 亿元）占比分别为 19.60% 和 20.44%。粤港澳大湾区、京津冀地区和长三角地区金融业增加值占地区生产总值的比重分别是

10.16%、10.11%、8.97%。综合来看，粤港澳大湾区金融业发展水平要略优于京津冀和长三角。

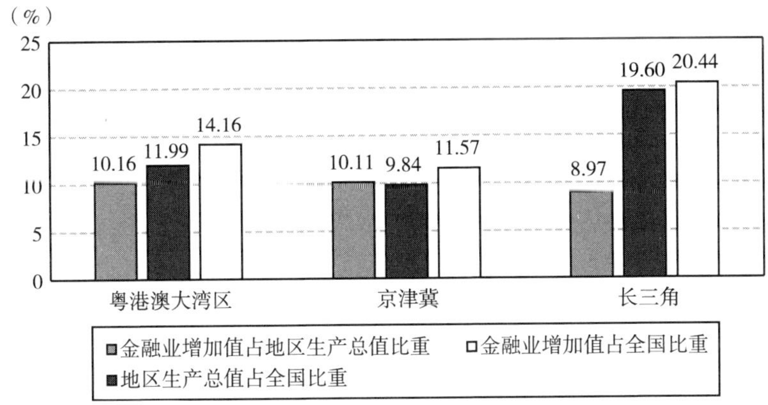

图 10-1　2015 年粤港澳大湾区、京津冀地区和长三角地区金融业增加值对比

资料来源：《中国统计年鉴（2016）》。

（2）粤港澳大湾区主要城市金融业增值。2015 年，大湾区金融业增加值为 8579.11 亿元。其中，珠三角九市为 5482.41 亿元，香港为 2939.63 亿元，澳门为 157.07 亿元，占大湾区生产总值的比重为 10.16%，其中珠三角九市及香港、澳门分别为 8.80%、15.26%、5.40%（见图 10-2）。

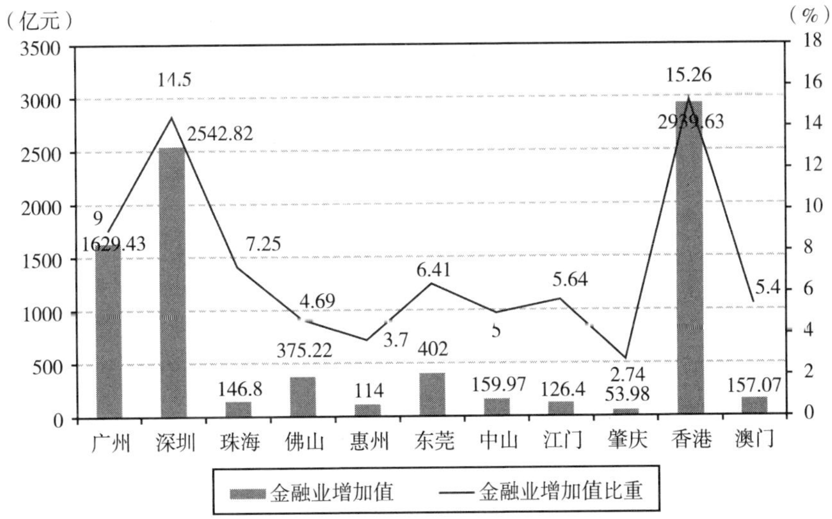

图 10-2　2015 年粤港澳大湾区主要城市金融业增加值及其占 GDP 比重

资料来源：《广东省统计年鉴（2016）》《香港统计年刊（2016）》《澳门统计年鉴（2015）》。

（3）粤港澳大湾区存贷款余额情况。2015 年，金融机构存款为 234756.80 亿元，贷款为 152275.69 亿元，存贷比率为 64.87%。其中，珠三角九市金融机构本外币贷款 141609.04 亿元，贷款为 85741.77 亿元，香港所有认可机构①的存款为 86363.48 亿元，贷款为 60532.49 亿元。澳门本地货币机构总存款金额为 6784.28 亿元，总贷款金额为 6001.42 亿元。珠三角九市和香港、澳门的存贷比率分别为 60.55%、70.09%、88.46%（见图 10－3）。可看出香港和澳门的存贷比率要略高于珠三角九市。

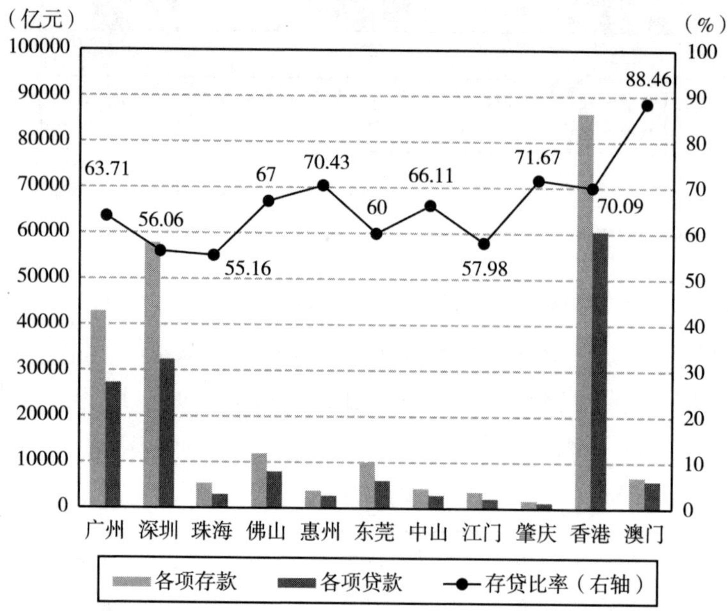

图 10－3　2015 年粤港澳大湾区“9＋2”主要城市存贷余额

资料来源：《广东省统计年鉴（2016）》《香港统计年刊（2016）》《澳门统计年鉴（2015）》。

全球金融中心指数（GFCI）第 20 期报告显示，全球四大金融中心——伦敦、纽约、新加坡和香港始终保持了稳固的地位，四大金融中心之间竞争与合作共存。随着全球金融市场重心开始从北美和欧洲向亚洲转移，中国内地金融中心快速崛起，影响力剧增，五大金融中心排名均位列前五十。上海、深圳和北京位列中国内地金融中心前三名。从 GFCI20 主要城市综合竞争力排名和得分来看，粤港澳大湾区中香港全球金融中心指数在中国

① 包括持牌银行、有限制牌照银行和接受存款公司。

位列第一，在亚洲地区与新加坡和东京的竞争十分激烈，在国内也遇到上海和深圳的追赶，北京、青岛和大连的综合竞争力也表现较好（见表 10 – 2）。

表 10 – 2　　GFCI20 主要国家和城市综合竞争力排名和得分

国家和城市	得分	排名
伦敦	795	1
纽约	794	2
新加坡	752	3
香港	748	4
东京	734	5
上海	700	16
深圳	691	22
北京	683	26
青岛	631	46
大连	629	48

资料来源：《全球金融中心指数（GFCI）20)》。

2. 珠三角金融业发展概况

2015 年，珠三角九市地区生产总值为 62267.78 亿元，金融业增加值达到 5482.41 亿元，金融业增加值占珠三角地区生产总值的 8.80%，占广东省金融业增加值的比重达到 90.98%。在珠三角九市中，深圳和广州的金融业增加值要远高于其他城市，两者占珠三角九市金融业增加值的比重分别为 29.71% 和 45.63%，合计占比超过珠三角九市的 3/4。① 2015 年，珠三角九市金融业法人单位数 7763 个，占广东省金融业法人单位数比重为 81.83%。其中，广州、深圳和珠海的金融业法人单位数在珠三角九市名列前三，分别是 1118 个、4373 个和 595 个，并且深圳金融业法人单位数远超其他城市（见图 10 – 4）。

2015 年，珠三角九市金融机构本外币存款为 141609.04 亿元，金融机构本外币贷款为 85741.77 亿元，同比增长分别为 88.3% 和 89.6%。2010 ~ 2015 年，珠三角九市各项存款在广东省的比重稳中有升，但是各项贷款的比重则有所下降，说明珠三角地区经济发展有向珠三角以外扩散的趋势（见图 10 – 5）。

① 根据广东省地方金融监督管理局公开数据整理。

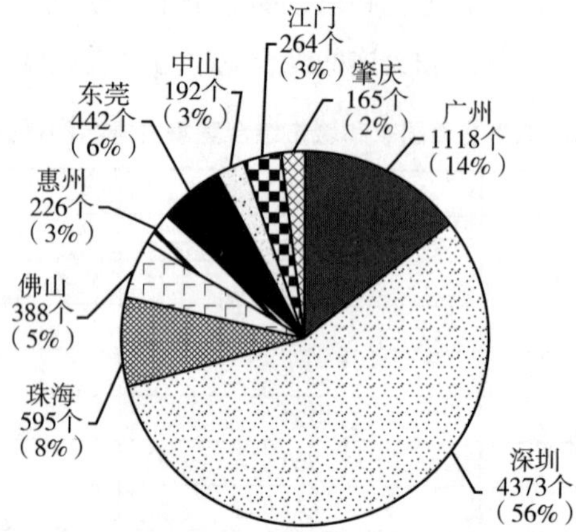

图 10－4 珠三角九市各市金融业法人单位数

资料来源:《广东省统计年鉴(2016)》。

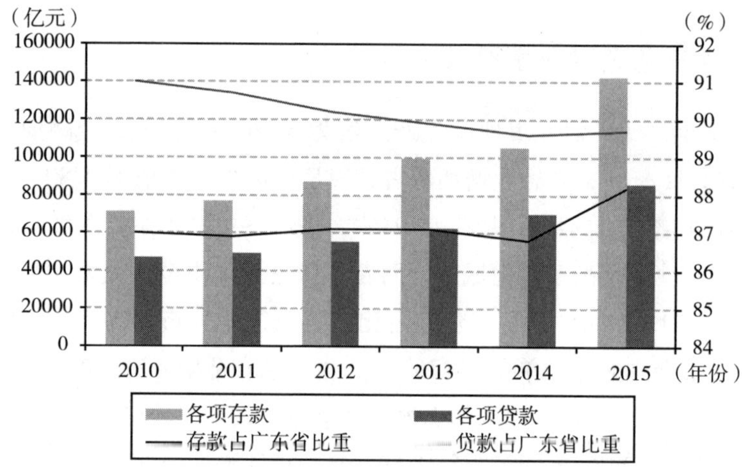

图 10－5 珠三角九市各项存款和贷款及其占比

资料来源:《广东省统计年鉴(2016)》。

从2015年珠三角九市各城市的各项存款和贷款来看，广州和深圳都位居前列，并且深圳已经超过广州。深圳各项存款和贷款分别为57778.90亿元和32449.04亿元，广州分别为42843.67亿元和27296.16亿元，两市各项存款，各项贷款和的比重在珠三角九市均已超过70%(见图10－6、图10－7)。佛山和东莞这两个工业大市紧随其后，要高于珠海。

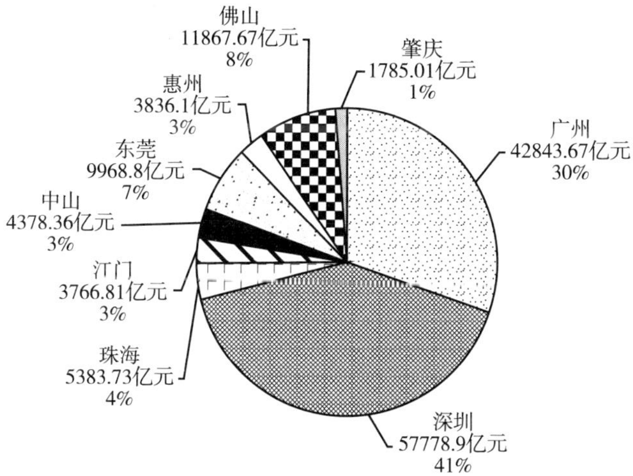

图 10-6 珠三角九市各市存款余额

资料来源：《广东省统计年鉴（2016）》。

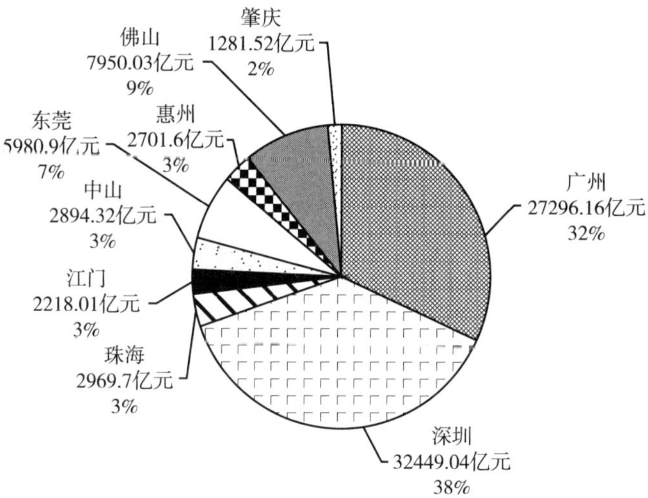

图 10-7 珠三角九市各市贷款余额

资料来源：《广东省统计年鉴（2016）》。

三、粤港澳大湾区主要城市金融业发展存在的问题

1. 广州

（1）缺少国家级政策。我国金融审批权、决策权高度集中在中央。与近年来上海、天津金融业获得国家层面的重大政策支持相比，广州作为我

国南方的特大型城市，金融业发展主要依靠自身力量自主发展，未纳入国家发展战略，多年来一直未获得开展各项金融改革先行试点的政策，难以有效集聚国内外金融资源。严重的政策环境比较劣势，已经成为制约广州金融业发展的重要因素。

（2）金融机构总部缺少。金融创新主要来源于微观主体金融机构，而金融机构总部由于实力雄厚、人力资源丰富等在金融创新方面具有更明显的优势。从目前来看，广州金融机构总部较少，制约了广州金融创新。银行机构总部只有广发银行、广州银行、广州农村商业银行三家，证券公司总部只有广发证券、广州证券、万联证券三家，保险公司总部只有安联财产保险、众诚汽车保险、珠江人寿三家，公募基金公司总部只有易方达基金、广发基金和金鹰基金三家，期货公司总部只有广发期货、广州期货等六家，具有综合实力的全国性金融机构总部只有广发银行、广发证券、易方达基金、广发基金、广发期货五家。北京、上海都集聚了大量的银行、证券、保险、基金等领域具有综合实力的全国性金融机构总部；深圳除了招商银行、中国平安集团之外，依靠深圳证券交易所也集聚了大量的证券、基金等领域具有综合实力的全国性金融机构总部。

（3）缺少全国性金融交易平台。具有影响力的金融交易平台不仅能为金融创新成果提供交易的场所，同时也有助于其所在地区吸引金融机构的入驻，从而进一步促进金融创新。然而，广州目前没有一个全国性金融交易平台，这在一定程度上制约了广州的金融创新。从北京、上海和深圳来看，上海拥有证券交易所、期货交易所、外汇交易中心和全国银行间市场等众多全国性金融交易平台，深圳也有全国性金融交易平台——深圳证券交易所，北京则有全国性金融交易平台——全国中小企业股份转让系统（俗称“新三板”）。另外，从世界主要国际金融中心来看，具有举足轻重地位的金融交易平台是不可缺少的一部分，如纽约有纽约证券交易所、纽约期货交易所和纽约外汇交易市场等国际性金融交易平台，伦敦有伦敦证券交易所，东京有东京证券交易所，香港有香港证券交易所。

（4）高端金融人才缺失。多年来，广州对高端金融人才不够重视，没有建立相应的人才培养和引进机制，直到 2014 年 7 月 18 日才发布《广州市高层次金融人才支持项目实施办法（试行）》，2015 年 2 月 4 日发布

《2015 年广州市高层次金融人才开发目录》，这不仅使广州高端金融人才严重不足，而且使广州人才流失比较严重。从北京、上海和深圳来看，北京和上海在培养与吸引高端金融人才方面具有明显的优势，而深圳一直是全国改革开放的“排头兵”，金融业改革创新的各项政策经常在深圳先试先行，使深圳依靠各种优惠政策吸引了大量的高端金融人才。

2. 深圳

（1）金融市场与产业对接不足。一方面，深圳金融市场长期存在基础金融服务供给与农村的金融服务需求不适应、信贷政策要求与“三农”抵押担保能力不适应、金融资源投入与农村经济的发展需求不适应三大短板，农民的金融服务需求长期得不到满足。另一方面，深圳虽然是文化创意产业发展的先锋城市，但投融资困难一直是困扰文化企业发展的难题。根据深圳市文体旅游局调查显示，九成以上的文化企业存在融资难问题，其中关键因素是金融机构，65. 71% 的企业表示融资渠道太狭窄是目前面临的主要困难，还有文化企业融资过程中受到可抵押物少、抵押折扣率高的制约等问题。

（2）企业直接融资渠道不畅。深圳存在大量中小企业，其特点是规模小、企业信用等级低、内部管理不规范、信息闭塞等。而中小企业的发展运营离不开充足的资金，但目前大多数深圳中小企业都面临融资困难，绝大多数商业银行和金融机构普遍对中小企业惜贷。虽然目前国家和地方政府部门出台了一系列解决中小企业融资难问题的相应政策，但由于配套措施不够，直接融资渠道仍然极不畅通，只能解决少部分中小企业的融资需求，仍然不能从根本上解决深圳中小企业融资难问题。另一方面，尽管证券市场的间接融资对于企业有极大的帮助，但是由于上市条件的限制，只有很少数上市公司可以使用这个融资渠道。截至 2015 年，在深圳注册的境内上市公司有 15 家，它们一共从 A 股市场募集到的资金超过 100 亿元。各家公司在债券市场上发行自己的公司债，也累计募集到 3. 5 亿元。而其他不能满足上市条件的公司，只能转向成本较高的银行贷款。因此，间接融资渠道是深圳企业的主要融资方式。①

---

① 高洁：《深圳金融业发展问题研究》，载于《现代商业》2017 年第 14 期。

3. 珠海

（1）金融产业发展基础薄弱。据《2011 年珠海市经济运行情况》统计数据显示，全市实现地区生产总值 1403.24 亿元，比上年增长 11.3%，增速在珠三角的排位由 2010 年的第七位上升到第六位。经济总量仍相对较小，金融产业发展所依赖的其他产业资源和市场需求总量也相对较小。与总量相对，较小的经济基础相对应，珠海市金融机构的资金总量在珠三角城市中同样相对较小，2011 年底珠海市中外资金融机构本外币存款余额为 2980.01 亿元，本外币各项贷款余额为 1638.21 亿元，在珠三角城市中排名靠后。2011 年珠海制造业投资大幅下降，内源经济缺乏活力，影响经济增长后劲；房地产市场受国家楼市政策频出及珠海 11 月出台的限购、限价政策影响，房地产市场观望气氛浓厚，居民购房意愿下降，整体较为低迷。这些都继而影响到金融服务业的发展。

（2）存在金融风险隐患。一是银行存贷比偏低，2011 年底银行存贷比为 51.1%，低于同期广东省存贷比 63.9%；二是长短期贷款结构不平衡，2011 年珠海市中长期贷款余额占金融机构信贷总量的 68.2%，新增贷款中这一比例更是高达 74.4%，说明贷款期限结构很不合理；三是金融机构治理结构不够完善，抗风险能力较弱；四是洗钱、地下钱庄等非法金融活动较为活跃，有可能诱发外生性金融风险等；五是个人短期消费贷款增长，信用卡坏账风险增加；六是商品房价格急速上升，房地产信贷风险增加。世界银行公布的一般标准为：房价收入比保持在 6.0 以内较合理，最高不宜超过 7.0，超过则说明大部分居民已无购房能力。2010 年珠海城镇居民可支配收入为 2.6 万元左右，按人均居住面积 30 平方米计算，房价收入比为 12.2，比全国平均水平还高出 4.44%，已远超国际警戒线。国家对房地产市场的规范整顿措施力度增强，未来房价下跌的可能性也有所增加，可能形成房地产信贷风险聚集。

（3）金融市场结构不平衡。一是金融市场组织体系仍不够完善，融资能力受到限制。金融系统组织能力较低，业务范围较小，其中一部分机构系统运营适应性差，从国内外吸引资金的能力不强。二是直接融资与间接融资的过程不相匹配，绝大多数企业对银行的依赖性较强，影响了银行对于金融风险的分散水平。三是金融市场配置资源的能力和效率较低，不适应金融发展的多元化需求。表现在金融产品定价不能良好覆盖市场，不利于合理引导社会资源高效配置，金融资源过度集中于大型企业，高新企业、中小企业和民营企业融资难的问题仍有待进一步改善。

4. 香港

2015 年，香港本地生产总值为 23971. 24 亿港元，金融及保险业生产总值为 3658. 99 亿港元，占香港本地生产总值的 15. 26%。香港所有认可机构的存款为 107497. 49 亿港元，贷款为 75345. 40 亿港元。在贷款中，香港货物的进出口及转口融资为 2548. 46 亿港元，香港境外的商品贸易融资为 2080. 92 亿港元，在香港使用的贷款及垫款为 48000. 73 亿港元。其他在香港境外使用的贷款及垫款为 22805. 29 亿港元。2015 年，香港获授权保险人数目为 157 个，获授权只经营再保险业务的保险人数目为 19 个，长期保险保单数目为 1173. 3 万个，保单保费为 3281. 45 亿港元。香港 2015 年上市恒生指数最高为 28588. 52，最低为 20368. 12，收市为 21914. 40。香港上市公司总市值 246840 亿港元，主板 244260 亿港元，其中 H 股 51570 亿港元，创业板 2580 亿港元。主板新证券发行集资金额 16770 亿港元。[①]

2015 年，香港金融及保险机构数为 23261 个，就业人数为 22. 04 万人，占全部就业人口的 5. 64%。其中，金融服务（保险和退休金除外）机构单位数为 7492 个，就业人数为 13. 68 万人，保险机构单位数为 164 个，就业人数为 1. 52 万人，金融保险辅助服务机构单位数为 15605 个，就业人数为 6. 85 万人。其中香港金融及保险业主要为 1 ~ 9 人的小规模机构和 1000 人以上的超大型机构，两端分布比较明显。2015 年，香港认可单位信托及互惠基金数目为 2110 个，其中在香港成立 636 个。认可单位信托及互惠基金资产净值为 12637. 15 亿美元，其中在香港成立 1148. 51 亿美元。证券及其后市场持牌法团为 2172 个，其中，联交所参与者 464 个，期交所参与者 111 个，联交所及期交所参与者 68 个，非参与者 1531 个。证券及期

① 根据香港金融管理局公开数据整理。

货市场的注册机构为 119 个。[①]

香港金融业发展存在的主要问题包括：

（1）金融市场、金融机构的发展不平衡，存在众多短板。香港债券市场、外汇市场规模与国际金融中心的实力不相匹配，一些金融市场中的创新型交易工具，如指数期货、期权交易等还未得到普及。在全球急速增长的另类投资产品市场、商品期货市场，香港的份额不够大。非银行金融机构发展也不平衡（冯邦彦，2011）。

（2）香港金融业发展腹地较小，总体规模仍偏小。纽约、伦敦、东京的金融业基础是全球前列的经济体，香港要发挥金融业的比较优势，必须突破制度上的制约，有效拓展其经济腹地。

5. 澳门

2015 年澳门金融业就业人口为 1.54 万人，占全部就业人口总数的 2.55%。澳门本地货币机构总贷款金额为 7607.33 亿澳门元，总存款金额为 8599.67 亿澳门元，贷存比率为 88.5%。澳门银行数目为 28 个，其中，本地和外地分别为 9 个和 19 个；保险公司 22 个，其中本地和外地分别为 9 个、13 个。2015 年保费总收入为 141.16 亿澳门元。澳门金融业增加值为 199.10 亿澳门元，其中，银行为 171.34 亿澳门元，保险及退休基金 27.76 亿澳门元，金融业增加值占澳门地区生产总值的比重为 4.57%。[②]

澳门金融业以银行为主，保险业辅之。由于澳门没有独立的资本市场，经济活动中的金融服务功能主要由银行体系承担（冯邦彦，2011）。澳门回归祖国以来，澳门银行业取得快速发展，业务日趋多元化，银行体系资金流量庞大，竞争力增强，在产品多样化、经营多样化、操作电子化等方面取得很大进展。同时澳门银行业国际化程度高，在外币处理方面有丰富经验，人民币离岸业务有了一定发展，金融业监管稳健，重视防范金融风险。

---

① 根据香港金融管理局公开数据整理。

② 根据澳门金融管理局公开数据整理。

第十一章

粤港澳大湾区金融改革创新的条件与挑战

一、具备的优势

1. 优越的区位以及国际联通的交通

（1）我国最适合发展湾区经济的先行区。粤港澳大湾区地处中国南大门，毗邻东南亚，主要包括香港、澳门两个特区，以及广州、深圳、珠海、佛山、中山、东莞、惠州、江门、肇庆等珠三角城市。我国大陆海岸线约1.8万公里，自北向南主要有渤海湾、胶州湾、杭州湾、粤港澳大湾区、北部湾等。其中，渤海湾区的范围太大，且湾区内联系不够紧密；胶州湾区的覆盖范围太小，仅覆盖山东半岛城市群的很小一部分；杭州湾区属于长三角城市群；北部湾的发展水平相对较低。从目前的发展情况看，粤港澳大湾区是我国现有各湾区中发育程度最成熟的地区，已经具备打造世界一流湾区的基础与条件，是我国最有条件建设“湾区经济”的先行区。

（2）“一带一路”建设的重要节点。粤港澳大湾区背靠内陆，连接港澳，面向东盟。从湾区出发，往东是海峡西岸经济区，往西是北部湾经济区和东南亚，可以通过南广铁路等陆路交通和海洋运输快速连接中国内陆与东盟各国，是国际物流运输航线的重要节点和“21世纪海上丝绸之路”的重要枢纽。粤港澳大湾区是历史海上丝绸之路的起点之一，港口等区位优势突出，具有侨乡、英语和葡语三大文化纽带，是连接“21世纪海上丝绸之路”沿线国家的重要桥梁。粤港澳湾区位于珠江通往南海的重要出海口，2015年，广州港、深圳港和香港港集装箱吞吐量达到了6171万标箱，仅深圳港集装箱吞吐量就达到2420万标箱，居全球第三。

粤港澳大湾区核心区内拥有香港国际机场、深圳宝安机场、广州白云机场和澳门机场等国际化大机场，可以承担华南乃至世界的航空运输需求，年客流量达到1.74亿人次。其中，香港可以扮演亚太和东南亚枢纽空港的角色，打造优质和便捷的国际航线网络。广州白云机场是国家三大航空枢纽之一，是连接内地和国际市场的重要桥梁。积极争取国家支持扩大粤港澳大湾区空域使用空间，支持香港机场巩固国际航空中心地位，将广州白云机场建成我国门户复合型航空枢纽，深圳机场成为大型骨干机场，珠海机场发展航空产业，而澳门机场将建构成为多功能中小型国际机场，形成与粤港澳大湾区城市群相适应的世界级机场群，构筑“21世纪海上丝绸之路”的海空一体化交通网络。

2. 经济总量比肩世界三大湾区

2016年，GDP总量1.3万亿美元，占全国GDP的12%。湾区内的9个内地城市中有8个城市的GDP增速高于全国平均水平。粤港澳大湾区面积约4万平方公里，2015年总人口6765万，占全国总人口的4.9%。三大湾区数据对比：2016年，粤港澳大湾区的GDP总量已超1.3万亿美元；东京湾区GDP总量达1.3万亿美元；纽约湾区GDP总量达1.5万亿美元；旧金山湾区GDP总量仅0.8万亿美元（见图11－1）。可以看出，粤港澳大湾区经济总量已经赶超旧金山区。2016年粤港澳大湾区进出口贸易高达1.89亿美元，在全球湾区中处于独一无二的地位，比最早依靠出口加工起家的东京湾区有过之而无不及。作为重要的交通枢纽，粤港澳大湾区拥有世界级的海空港群，2015年港口集装箱输送量超过6500万标箱，分别是东京湾区和三藩市湾区的8.5倍、37.5倍；机场旅客输送量高达1.5亿人次，也超过了世界三大湾区。

产业结构以先进制造业和现代服务业为主，大湾区内港澳金融和服务业发达，港澳地区服务业增加值占GDP均在90%左右，深圳在高科技和产业创新方面做得较好，内地九市制造业基础雄厚，整体处于工业经济向服务经济转型的过程中，形成先进制造业和现代服务业双轮驱动的产业体系。粤港澳湾区内已经形成以香港为起点和终点的国际生产基地。香港是

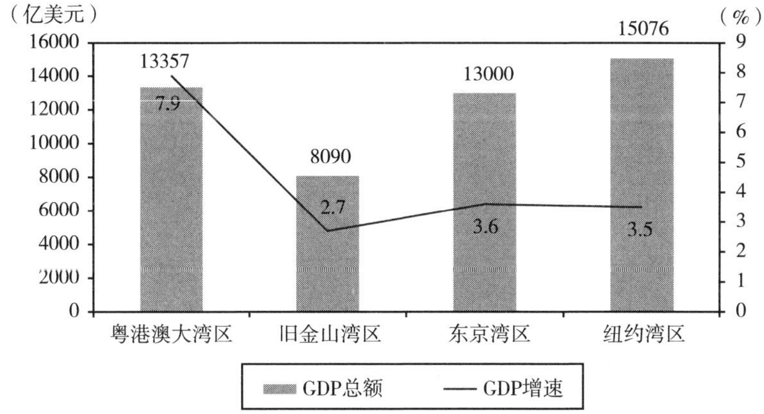

图 11－1　2016 年四大湾区 GDP 总额及增速

资料来源：中国指数研究院。

世界上主要的人民币离岸金融中心，转口贸易中心，对内地的出口贸易举足轻重，也是内地走向世界的重要窗口。因此，粤港澳大湾区内第一个核心和龙头是香港。香港与内地在产业合作和互补上仍有较大的空间。深圳改革开放之后发展迅猛，已经形成全国重要的创新中心和创业中心。深圳也是粤港澳大湾区的核心之一。因此粤港澳内部已经形成深圳面向内地市场的消费和生产体系，香港面向世界的加工和出口体系，深港两地形成两足鼎立格局。

3. 金融业竞争力强

粤港澳大湾区拥有广州、深圳和香港三大金融中心，以及港交所和深交所两大证券交易所，汇聚全球众多的银行、保险、证券、风投基金等跨国金融巨头。香港金融服务业优势明显，作为领导地位的国际金融中心，资本市场的实力毋庸置疑，在私募基金市场方面的发展亦是亚洲区内的翘楚，香港金融服务业可在多方面推进大湾区发展。香港拥有与世界市场紧密互动的丰富经验及成熟的金融基建，监管制度和标准亦与西方类似，并获得国际认可。

粤港澳大湾区正在打造仅次于美国硅谷的高科技产业引领区，同时湾区中的金融业竞争力不断提升。以深圳为例，2015 年高新技术产业增加值为5847.91亿元，占GDP比重为33.4%。全社会研究投入占全市GDP比重达到了4.05%，PCT拥有量达到1.33万件，涌现了像华为、大疆创新等一批世界领先的高科技企业。① 在香港、上海国际金融中心和深圳国家金融中心的带领下，粤港澳大湾区已经吸引了70多家世界排名前100位的银行，港交所和深交所IPO总额突破1754亿港元，仅次于纽交所的1788亿港元。根据2014年3月发布的全球金融中心指数显示，深圳金融业竞争力上升强劲，排名第18位，香港金融业竞争力排名第3位。②

4. 强劲的创新动力

科技创新为金融业发展带来巨大机遇，渗透借贷、支付、投资、风控、征信等细分领域，不断推动金融业提升效率、降低成本，促进金融业务、业态和格局的深刻变革。当前，以互联网+分享经济、智能制造为代表的新一轮科技和产业革命方兴未艾，创新可以带来产品改进和产业改革，为金融业发展带来了广阔的投资领域和丰厚的投资回报。同时，金融业可以借助大数据、云计算、区块链等新技术，创新金融服务方式、拓展服务范围，开展普惠金融、绿色金融的实践。为金融市场注入更多活力，扩展了金融市场的广度和深度，驱动着金融市场的健康发展（王强，2011）。

创新是湾区经济的根本动力，典型代表当属旧金山湾区南部的硅谷，其科技创新能力世界闻名。粤港澳大湾区在发展过程中也表现出了创新的强大冲劲。据广东省统计局数据显示，仅珠三角九市研发经费投入占GDP的比重就已达2.7%，和美国（2.8%）、德国（2.83%）处在同一水平。而深圳更是创造了一天产出55件发明专利的骄人成绩。值得注意的是，一些中国的著名科技公司，包括华为、中兴等，都集中在粤港澳大湾区，势必成为区域产业创新的“排头兵”。发明专利是衡量一个国家或地区科技创新能力的重要指标。在《粤港澳大湾区协同创新发展报告（2017）》中，统计分析粤港澳大湾区11个城市发明专利总量，并与旧金山湾区7座城市

---

① 《深圳统计年鉴（2016）》。

② 根据香港金融管理局、深圳市地方金融监督管理局公开数据整理。

的发明专利总量进行对比，发现粤港澳大湾区的发明专利数量已超越旧金山湾区，且有逐渐扩大的趋势。

粤港澳大湾区内集聚了8个国家级高新园区、16个“863”基地、1个国家级大学科技园，研发经费支出占GDP比重达2.7%。粤港澳大湾区在实施科技创新驱动发展战略方面已走在全国甚至全球前列，已形成全过程科技创新链条。例如，深圳作为国家创新型城市和国家自主创新示范区，在政策创新、能力创新、产业创新等方面积累了丰富的经验。深圳还启动了“海外创新中心”建设，目标是建设10个，首批7个已经挂牌。创新科技也是香港“再工业化”的重要动力之一，深港河套地区进入实质性开发阶段，为香港与深圳及珠三角的科技创新合作搭建平台。粤港澳大湾区进入科技创新加速发展阶段，正在打造“科技湾区”形态。广州高校和科研平台丰富，香港高校密集，基础研究能力较强，在人才、科研、资本、法治等软硬条件上均具备世界级水平。深圳遍布高科技企业，并形成以企业为主体、市场为导向的产学研紧密结合的科技创新体系，以及国际科技、产业创新中心架构，有较强的创新优势。

5. 湾区内整体人才优势明显

粤港澳大湾区各类高校和专业研究机构云集，拥有香港大学、澳门大学、中山大学、香港中文大学、香港科技大学、华南理工大学等众多名校。据不完全统计，该区域仅在校大学生和研究生就超过180万人，平均每30多人中就有1名在校大学生或研究生，人力资源储备非常丰富，是著名的智力密集区和人才高地。香港科技人才鼎盛，拥有43位中国科学院和中国工程院院士，而香港工程科学院和港科院亦分别拥有69位、29位杰出院士。香港近年也先后成立了香港国际航空学院和港铁学院培养航运人才。这个重要的人才库将为粤港澳大湾区提供源源不绝的科研动力。①

广州作为华南地区的文化、科教中心，集聚了82所高校，2015年在

① 胡春华：《粤港澳大湾区以打造世界级经济区为目标》，搜狐网 http://www.sohu.com/a/153640930_123753。

校大学生及研究生总数达112.27万人，居全国第一。已建成华南规模最大的科技企业孵化器集群。目前在广州工作的诺贝尔奖获得者6人、两院院士77人，中央“千人计划”专家216人、“万人计划”专家95人。深圳本土有深圳大学和南方科技大学，同时引进知名大学建分校和合作办学。

6. 对外开放的前沿阵地

粤港澳大湾区地处中国深化改革和对外开放的最前沿，政府工作报告明确提出“研究制定粤港澳大湾区城市群发展规划”的特色是“对外开放”。先后设立有深圳特区、珠海特区、南沙新区、前海深港合作区、横琴粤港澳紧密合作示范区、广东自贸区等一系列改革开放试验区，拥有“一国两制”、自贸区、国家自主创新示范区、国家级新区、粤港澳合作示范区等改革创新先行先试的政策集成优势。中国利用两种资源和两个市场，建立对外开放新格局的重要抓手，是撬动珠三角甚至全国开放和改革的杠杆，也是加快经济发展的重要发展极。推动内地与港澳深化合作，研究制定粤港澳大湾区城市群发展规划，发挥港澳独特优势，提升在国家经济发展和对外开放中的地位与功能（长安剑，2017）。

据2017年商务部数据显示，粤港澳大湾区对外货物贸易额超过2万亿美元，近三年非金融类对外直接投资平均存量超过1900亿美元，约占内地的1/4。港澳一直是中国对外开放的窗口，充当了中国与世界之间的“超级联系人”，珠三角九市无疑是改革开放的“排头兵”。湾区内拥有全球最大的离岸人民币业务中心和中国内地最大的外商直接投资来源地，未来可拓展“一带一路”沿线人民币业务，强化中国开放门户枢纽地位。

珠三角毗邻港澳，是我国改革开放的前沿，改革开放初期正逢港澳走向转型升级，内地发展劳动密集型产业和对外贸易蓬勃发展，也是得益于港澳与内地的联动。珠三角是我国著名的侨乡，港澳同胞、海外侨胞最多，珠三角吸引的外资中，港澳和侨资占绝大部分，提供了珠三角经济崛起所需要的原始资本积累。港澳地区是“一国两制”的试验田，粤港澳区域有着雄厚的产业基础、深刻的改革基因和活跃的创新文化。加强粤港澳大湾区建设可以进一步发挥区域的独特优势，提升粤港澳地区在促进国家经济发展和对外开放中的功能与作用。过去35年，广东从港澳“引进来”

的，主要是“三来一补”、加工贸易，在这个过程中，港澳教给内地如何做市场经济，但主要是代工的市场经济。未来35年，内地要更多学习港澳的国际化、法制化环境，以这些优势推动国内新一轮对外开放。

二、存在的问题

1. 湾区存在同质化竞争

在城市化早期，我国各城市发展经常通过模仿式成长“拼速度、拼规模”，导致在城市群内部圈层定位与功能分化日渐清晰的今天，许多不同城市陷入过去同质化的竞争模式。改革开放以来，国内形成了三个主要的湾区，以京津冀为重点的环渤海湾区，以上海为重点的环上三角湾区，以珠三角为重点的粤港澳湾区。从发展现状来看，国内三大主要湾区功能定位仍需明朗，腹地分化不够明确，腹地分割，要素供给相似，存在同质化竞争问题。从湾区内部来看，国内湾区存在的共同问题是各城市间的分工不明确，湾区内部存在同质化现象，不利于优势产业集群的培育和湾区的整体协作发展。

粤港澳三地属于不同关税区域，由于经济制度、法律体系和行政体系的差异，各类要素难以实现完全自由流动，一些领域还存在不同程度的同质化竞争和资源错配现象，湾区城市群之间资源整合相对不足，发展协同效应尚未充分显现，长期存在“龙头之争”，造成重复建设和巨大的资源浪费。例如，香港具有金融、教育和科研资源，澳门具有优质服务业资源，但是港澳都未和珠三角其他地方整合起来，全局考虑。区域内城市在认识到金融业对于促进实体经济发展、提升中心城市核心竞争力、增加地方财力等方面的重要作用之后，不断加大对金融产业发展的支持力度，极力争夺金融机构、平台、政策试点和高端人才。

粤港澳资源整合需要建设各个“共同市场”，包括共同制造业基地、共同金融市场、共同劳动力市场、共同房地产市场、共同教育市场、共同服务业市场等。广州和珠海注重发展教育，尤其是在高等教育方面投入大量人力物力，但发展效果并不符合预期。其中存在的问题就是广东没有充分利用香港的教育资源，在“一国”构架下，广东和香港的教育资源整合是有可能实现的。香港的金融制度已经成熟，在世界领先。广东毗邻香港，却未能充分利用香港的金融制度资源，造成比较大的浪费。

在港口资源方面，2015 年粤港澳大湾区港口总吞吐量达到 6247. 2 万标箱，已经达到世界级港群标准。但是粤港澳地区存在港口资源竞争大，整合程度不足的问题。广东港口间的集装箱“拉力赛”竞争尤为激烈。2003 年，深圳港用了 10 年时间，集装箱吞吐量突破 1000 万标箱，并一举跻身全球第四大集装箱港。也是这一年，广州港的集装箱吞吐量不到 300 万标箱，仅为香港的 13. 54%。然而到了 2016 年，广州的港口集装箱吞吐量和香港的集装箱吞吐量仅差 77 万标箱，与深圳港相差 512 万标箱。2017 年一季度，广州、深圳和香港的集装箱累计吞吐量分别为 444. 04 万标箱，561. 37 万标箱、486. 7 万标箱，同比增长速度分别为 11. 4%、1. 03%、12. 6%。由此可见，三家港口的集装量差距在逐渐缩小。

2. 金融风险频发

粤港澳大湾区金融发展过程中存在非法集资等风险行为，严重影响湾区内整体金融改革创新的顺利进行。企业非法集资性的民间融资行为屡禁不止。珠三角中小企业获得资金的渠道包括企业内部融资和企业向社会筹集资金，但企业以借贷名义向职工非法集资、企业以借贷名义向社会公众发放贷款的情况也不少见。企业进行非法集资活动主要有两种形式：一种是维持企业日常经营的集资活动，集资者因为从正规的融资机构无法获得资金或者是正规融资机构的融资成本太高，因此选择非法集资；另一种则是无资金需求的集资活动，集资者采用非法手段向社会公众募集资金，企图利用这种手段骗取他人钱财。

随着社会流动性持续偏紧，在众多中小企业融资需求的催生下珠三角地区民间融资日趋活跃。长期以来融资难题一直困扰着众多中小企业，频发的高利贷事件引起政府重视。对普通民众而言，民间融资与非法集资的界限并不是那么清晰。由民间融资引发的纠纷有上升趋势，给社会管理带来新的不稳定因素。在民间借贷纠纷案件中，债权人多为普通群众，所借出的资金是多年积蓄，当借贷不能收回时容易引发其不满情绪，带来不稳定因素。

基于金额大且利率低的特点，珠三角地区存在着大量企业间相互拆借的现象。大多数企业一般采取变通方式来实现借贷目的，从而规避法律规定。例如，借贷双方签订联合营业协议，但是约定其中一方只负责出资和监督资金使用情况，不能参与经营，不论盈亏，出资人都必须按期收回本金和利息；又例如，约定购货企业向作为卖方的企业支付借贷本金后向借款方收回货款及违约金等形式都属于以合法的形式掩盖非法目的的行为（吴丽琴，刘学敏，2016），总的来说，就是规避法律的做法。

3. 金融高端人才供应不足

粤港澳大湾区内存在金融人才发展不均衡的情况。港澳地区金融机构不少都实行国际化薪酬，而内地大部分金融机构实行本地化薪酬，造成港澳地区金融机构存在同工不同酬的情况，加上香港一贯的低税率制度，内地金融专业人才的实际收入与港澳地区从事同类业务的岗位收入相距甚远。因此，珠三角地区相较于港澳地区而言，金融人才的吸引力度不足，金融人才不能满足金融改革创新的需要。

4. 湾区金融市场开放不足

一是广东企业利用香港资本市场进行直接融资的进展慢。在“十二五”时期，广东只有4家企业赴港发行人民币债券，还未有企业在香港成功发行人民币股票。二是广东企业直接在香港上市的数量较少。“十二五”时期，广东只有4家企业直接在香港上市。广东民营企业通常采用红筹股的形式在香港上市。三是粤港澳湾区内金融人才的流动缓慢。推进金融创新、金融开放，深化粤港澳区域整体金融改革需要一批熟悉国际金融规则、具备全球视野，有较高国际金融理论水平和丰富经验的金融人才，然而目前粤港澳区域间金融人才的流动比较缓慢，尤其是高端金融人才难以在珠三角地区聚集。

人民币跨境使用需进一步扩大。人民币在贸易和投融资方面使用的比重有待进一步提升。“十二五”时期，人民币在广东与港澳地区跨境收支中所占比重不断上升，但美元仍是占比最高的结算货币。2015年在广东与港澳地区的跨境收支中，40.8%是以人民币结算，比以美元结算低8.5个百分点。另外，金融同业之间跨境人民币创新业务发展缓慢。广东与港澳地区开展跨境人民币资产转让业务试点已两年有余，但目前面临着跨境资产转让业务品种单一、仅允许境内金融机构从境外同业受让人民币信贷资产等问题。个人跨境人民币业务进展缓慢。广东毗邻港澳、居民跨境往来频繁，对个人跨境金融服务的需求较大。然而，广东与港澳地区个人资本项下跨境人民币业务创新进展缓慢，难以满足三地居民对于人民币跨境使用的实际需求。

三、发展机遇

1. 宏观战略机遇

人民币国际化进程是推动金融改革创新的重要抓手。人民币国际化进程的加快将进一步推动广东省跨境人民币结算，推动粤港澳金融改革创新。广东省跨境人民币结算金额从 2010 年的 3372 亿元增加到 2015 年的 43967 亿元，年均增速达 67%，在全国占比保持在 60%。广东省与港澳地区的跨境人民币结算业务量由 2010 年的 1132.6 亿元上升到 2015 年的 2.3 万亿元，占广东省跨境人民币结算金额的 73.4%。以人民币计价的跨境收支占比由 2010 年的 5% 上升到 2015 年的 41.8%，人民币成为广东省与港澳地区之间第二大跨境结算货币。① 人民币“入篮”将加快粤港澳金融改革创新步伐。2016 年 10 月日起人民币纳入特别提款权货币篮子，有助于确认人民币为可自由使用货币，并进一步增加对使用人民币进行全球交易的信心，促进跨境人民币业务规范发展，推进人民币资本项目可兑换，提升人民币投资储备和金融交易功能。在粤港澳金融改革创新过程中，跨境人民币结算快速推进，人民币国际化进程加快，有利于南沙、前海和横琴自贸片区为突破点的资本市场下的人民币投资合作。

“一带一路”建设和泛珠合作是金融改革创新的重要空间。全球经济金融格局加快重构，我国金融话语权和影响力持续提升，为粤港澳大湾区拓展国际金融市场，建设一流金融中心提出更高要求。伴随新兴经济体的

---

① 根据广东省地方金融监督管理局公开数据整理。

发展壮大和金融体系的逐步完善，国际经济金融体系加快朝着多极化方向发展，以中国为代表的新兴经济体将不断增强金融对经济的支撑作用。粤港澳大湾区是发挥区域比较优势，落实国家新阶段开放战略的必然要求。《广东省参与建设“一带一路”的实施方案》突出与港澳合作，重点是建设粤港澳大湾区，包括依托港澳的金融服务为经济贸易提供支撑。粤港澳大湾区在跨境金融、航运物流、服务贸易、创新科技、经贸发展、湾区经济等改革创新领域取得突破，在更高层次上实现深度融合。2016 年 3 月，国务院印发《关于深化泛珠三角区域合作的指导意见》，明确要充分发挥广州、深圳在改革创新、科技进步、产业升级、绿色发展等方面的辐射带动和示范作用，携手港澳打造粤港澳大湾区，建设世界级城市群。《广东深化泛珠三角区域合作实施意见》提出支持广东企业在香港发行人民币债券和香港企业在广东发行人民币债券，加强资本市场和金融改革创新合作。推动粤港澳大湾区金融改革创新发展，是加强粤港澳地区交流，推动区域内资源高效配置，市场深度融合，推进珠三角一体化的重要载体。

“一带一路”和泛珠合作有利于深化区域改革创新的合作，向内加强与泛珠三角地区中部、西部和东南各省的联系，向外形成由香港到东盟的“海上丝绸之路”沿线和从澳门到葡语系国家的特色经贸带。香港和东盟经贸联系密切，香港有 547 家东盟总部型企业，两地金融机构相互派驻，有利于发挥香港在“一带一路”中的“超级联系人”作用，同时有利于珠三角地区企业“走出去”，把香港作为跳板机融资平台。而澳门正积极打造葡语系国家和地区的特色金融产业。

2. 政策措施机遇

广东自贸试验区的建设是金融改革创新的重要平台。广东自贸试验区带来了粤港澳大湾区金融改革创新的重要平台。《国务院关于印发中国（广东）自贸试验区总体方案的通知》中粤港澳金融改革创新具有重要地位，要推动人民币作为自贸试验区与港澳地区及国外跨境大额交易和投资计价、结算的主要货币，推动自贸试验区与港澳地区开展双向人民币融资，支持粤港澳三地机构在自贸试验区共同设立人民币海外投贷基金。广东自贸试验区具有金融改革的政策优势以及毗邻港澳的区位优势，为深化粤港澳金融改革创新带来重大发展契机（马红，2016）。广东自贸区的特殊目标就是促进粤港澳改革创新，深入推进粤港澳服务贸易自由化。自贸区具有先行先试的政策优势，监管机构会在自贸区探索新的资本开放项目，港澳金融机构可在自贸区内享受多余区外的政策红利，同时自贸区内改革创新氛围浓厚，已经形成高密度、高层次、多元化的金融改革创新区。这些优势将吸引港澳金融机构入驻试验区，推动三地金融机构和金融产品的融合互通，全面深化三地金融市场的互联互通，打造具有更强影响力的金融中心区域。

金融体制改革全面深化是金融改革创新的重要契机。广东省人民政府《关于深化银融改革完善金融市场体系的意见》提出深化地方金融机构改革，推动金融、科技、产业融合创新发展等一系列金融改革意见。《广东省建设珠江三角洲金融改革创新综合试验区总体方案》提出，从国家层面将粤港澳金融作为一个整体进行布局，搭建了包括中央驻粤金融监管部门与粤港澳三地政府在内的合作平台，开辟更大的金融合作空间，推动以香港金融体系为龙头，珠江三角洲城市金融资源和服务为支撑的金融改革创新区域建设。我国金融改革全面深化，扩大金融业对内对外开放，为粤港澳大湾区发挥市场经济优势、加快先行先试、创新发展高端金融业态、提升金融服务辐射能力提供强大动力。推动南方粤港澳大湾区建设，促进粤港澳深度共融互利，可以借鉴港澳或者国际金融的开放政策，提高金融产业对经济发展的服务能力。在金融政策方面，探索给予广东更大自主权，如区域银行等金融机构的审批权，有助于汇聚金融创新资源，激活金融创新的活力。

四、面临的挑战

1. 国际经济形势发展不明朗

国际经济发展形势难以预测，不确定因素和不平衡增长日趋上升，经济增长的速度较低，经济下行压力较大，风险累积、外需下降等。当今的国际局势和经济形势并不乐观，给广州区域的建设和经济发展提出较大的挑战。从发展历史来看，珠三角经济增长的重要拉动力之一是以出口外贸为重点的外向型经济，但其受国际局势和经济形势的变动影响较大。因此广州的发展动力应由外源性向内生性转变，提升经济实力和区域综合竞争力，加大技术创新，在全球技术变革浪潮中争取主动。

全球金融市场频繁动荡、资产泡沫积聚、抗风险能力不强，融入全球金融体系将会使金融危机传导性加强。人民币正式“入篮”是中国融入全球金融体系的重要里程碑，我国加快融入全球金融体系，资本项目开放程度不断提高，跨境资金快速流动等风险提升，对地方金融体系的安全和稳定带来挑战。在金融全球化的背景下，一个国家爆发金融危机，危机产生的破坏性影响会通过一定的途径扩散到其他国家。要在全球贸易和金融交易中使用人民币，要取消目前对资本流动的限制，允许开发广泛的人民币金融产品，允许更多的机构和个人投资者参与人民币交易，可能会加剧人民币短期汇率的波动，影响资本的流动，对实体经济产生过度冲击。

2. 国内经济新常态下面临的发展问题

当前，我国经济发展进入新常态。新常态的最主要特征就是“三期叠加”，即经济增长速度换挡期、结构调整阵痛期、前期刺激政策消化期。这样的发展态势为中国的经济发展增添了不确定性因素，也为粤港澳湾区建设和广州发展提出新的要求。改革开放以来，粤港澳湾区依据特殊的政策优势和吸引外资的模式，实现了经济社会的腾飞。当前，改革开放进入深水区，经济增长速度趋缓，经济社会中存在的许多问题逐渐暴露。经济下行压力较大，产业转型升级步伐不够快，科技创新短板突出，重点领域改革突破不大，对外开放水平有待提高。首先，在前一阶段，中国经济之所以能够长期保持8%以上的增速，广州经济之所以能够长期以两位数的速度增长，很大程度上得益于招商引资。招商引资的推动条件可以分解为两个方面：一方面是发达国家的技术溢出效应带来的异质性资本；另一方面是接受地有大量的闲置资源、土地、劳动力、原材料等。当前，中国人口红利正在消失，土地、原材料价格日益增长，继续依靠招商引资作为常规性手段会引起土地等各基本要素价格上升，加大本就力量缺乏的民营企业的生存压力，丧失本土经济活力。传统的经济增长推动机制已经面临紧迫转型，因此，新常态要求必须将推动经济增长的方式转变到依靠创新、创业上来。通过经济结构的持续优化、生产要素利用效率的不断提高来实现经济的持续增长。

3. “一国两制”格局是最大挑战

粤港澳大湾区“一个国家、两种制度、三个关税区、四个核心城市”的格局，是其最大的特点，同时也是湾区发展面临的最大的难点和挑战。粤港澳三地属于各自不同的关税区域，由于经济制度、法律体系和行政体系的差异，各类要素在区域内难以实现完全自由流动，甚至一些领域还存在不同程度的同质化竞争和资源错配现象，湾区城市群之间资源整合相对不足，发展协同效应尚未充分显现，长期存在“龙头之争”。因此，在“一国两制”条件下，让湾区城市形成“融合”发展态势，破除行政和制度壁垒，让要素顺畅流动，资源优化配置，形成有机整体以提升效率、释放更强功能，是粤港澳大湾区发展面临的最大挑战。

粤港澳大湾区内，不同城市和地区开放程度各不相同，既有已经连续23年保持世界最自由经济体称号的香港特区，也有以广东自贸区为代表的高度开放区域，然而同时还有很多开放度一般的城市。经济发展也存在落差，在深莞惠都市圈，东莞相当于深圳的1/3，而惠州只有东莞的1/2。从国际经验看，湾区最大的特点是跨行政区的开放型经济体，但粤港澳大湾区的行政壁垒和障碍非常明显，打通这些壁垒和障碍就特别突出及有必要。从湾区城市群规划的角度看，粤港澳大湾区与我国京津冀一体化的区别是颠覆性的。世界范围内被普遍认同的世界级湾区皆是一国行政区域内的，或者是双边跨国的合作，但在一国以内、两种制度、三种关税区的协调，是从未有过的。

粤港澳大湾区是在一个主权国家的三个独立关税区深化合作，涉及产业布局、土地利用、信息互通、资源共享、交通能源等方面，需要在“一国两制”下寻找合作的突破口，发挥“一国”的优势，解决“两制”的问题，实现生产要素的跨境流动，跨越不同的制度、法律进行区域规划的协调使人流、物流、资金流、信息流真正高效便捷地流通。

4. 全国大城市金融竞争加剧

国内各大城市更加认识到金融对促进实体经济发展、提升中心城市核心竞争力、增加地方财力等方面的重要作用，不断加大对金融产业发展的支持力度，极力争夺金融机构、平台、政策试点以及高端金融人才，对粤港澳大湾区金融改革创新形成较大的外部竞争压力。

根据《全球金融中心指数（GFCI）21》，香港、上海、北京、深圳是我国“第一梯队”的金融中心。香港是公认的国际性区域金融中心之一；北京是金融监管机构、四大行总部及 2/3 央企总部所在地，也是金融决策监管中心；上海是国务院于 2009 年明确提出要打造的国际金融中心，银行间、债券、资本市场等众多基础性金融交易市场均设立于此；深圳的金融中心并未纳入国家规划，其特点在于完善的资本市场体系，以及扮演国家金融创新实验中心的角色。在其他大城市中，各地也纷纷提出建设区域性、特色金融中心，各地区之间金融资源竞争加剧。

第十二章

粤港澳大湾区深化金融改革的战略构想

一、指导思想

推进粤港澳大湾区金融改革创新，要以全面贯彻落实党的十八大和十八届三中、四中、五中、六中全会精神为指引，按照“五位一体”总体布局和“四个全面”战略布局，牢固树立“创新、协调、绿色、开放、共享”五大发展理念，认真落实《国务院关于深化泛珠三角区域合作的指导意见》有关工作部署，统筹推进粤港澳大湾区金融改革创新。

以全面深化改革，鼓励先行先试为动力，推动粤港澳金融改革创新发展；以强化区域的金融分工与合作，促进三地金融领域优势互补为抓手，实现协调发展；以绿色金融助推区域内产业转型升级，实现粤港澳可持续发展为宗旨，实现绿色发展；以打造新一轮金融改革开放创新实验平台为契机，实现开放发展；以粤港澳金融改革创新一盘棋，辐射带动泛珠区域为使命，实现共享发展。

二、基本原则

改革引领，开放发展。先行先试一批具有重大战略意义的金融改革举措，以金融改革引领和带动其他领域的全面改革。深化与港澳的开放，坚持“走出去”与“引进来”相结合，加快与港澳在市场、机构、人才、基础设施等方面的对接融合。

尊重个性，尊重市场。贯彻落实“一国两制”的基本方针，充分尊重各主要城市基于经济定位、产业基础和制度特点而形成的城市个性。进一步发挥市场在跨境资源配置中的决定性作用，有步骤、有重点的推出一批改革措施，促进形成发展合力。

优势互补，合作共赢。充分发挥各方比较优势，积极探索金融改革创新的需求点，努力拓宽改革创新发展的工作面，建设统一开放、竞争有序的金融体系。加强与港澳的务实合作，积极探索重大金融改革创新平台的共建共享，提升发展内生动力。

稳中求进，防控风险。在维护金融稳定与安全的前提下系统谋划有关政策措施，注重政策的系统性、整体性和协同性，既不拖延迟滞，也不单兵冒进。要牢牢把握金融改革开放的主动权，坚决守住不发生区域性、系统性金融风险的底线。

三、目标定位

全国金融改革创新先行区。发挥经济特区、国家级新区、自由贸易试验区等体制机制优势以及港澳国际化优势，在资本项目可兑换、人民币跨境使用、外汇管理以及综合监管体制改革等方面开展先行先试，为全国新一轮金融改革和开放积累经验，探索路径。

全国金融服务实体经济的示范区。从湾区各地自身特色和优势出发，以实体经济发展内在需求为导向，明确主要城市的金融定位，调整优化金融业态结构，促进形成相互之间优势互补、合作共赢的新格局。创新改革机制，整合金融资源，打造金融改革平台，共同推进湾区建设和绿色发展。

推进人民币国际化的新通道。发挥大湾区开放发展的现实优势，加强跨境人民币业务和外币业务合作，稳定发展港澳两岸人民币市场，重点支持香港建设离岸人民币定价中心，牢牢把控人民币定价的主动权，加快探索人民币国际化新通道，打造我国参与金融竞争的新优势。

服务“一带一路”的金融枢纽。发挥香港作为内地企业“走出去”、国际资本“引进来”的“超级联系人”的作用，利用澳门作为葡语国家商贸合作平台的角色，发挥广东海外华人华侨资源丰富的潜力，大力推进以实施“一带一路”倡议为导向的金融改革，建设引领泛珠、辐射东南亚、服务“一带一路”的金融枢纽。

四、粤港澳大湾区金融改革创新的关键举措

1. 优化金融机构体系

发展中小银行。金融改革创新的主体不仅包括商业银行，还包括国有股权投资企业等非银行金融机构和类金融机构。在粤港澳大湾区金融改革创新过程中，需要健全商业性金融、开发性金融、政策性金融、合作性金融分工合理、相互补充的金融机构体系。补足中小银行这个“短板”，构建多层次、广覆盖、有差异的银行机构体系。湾区要选择性地以区域性重点地域或专业性重点机构为试点，逐步、适当降低金融准入门槛，鼓励、引导民间资本参股或主导建立面向中小企业的中小商业银行和社区银行及各类中小金融机构及新型金融组织。鼓励民间资金参与农村信用社、城市商业银行等正规民间金融的改制。

在加强监管的前提下，允许具备条件的民间资本依法发起设立中小型银行等金融机构，支持有条件的省属企业、社会资金参与农商行、城商行、农信社等地方性金融机构增资扩股和改制。积极推动地方法人金融机构改革发展。第一个途径是扩大民间资本金融市场准入，鼓励民间资本参与地方金融机构改革重组和增资扩股，继续支持民间资本发起设立民营银行、证券公司、保险公司和各类新型金融机构。第二个途径是探索金融综合经营。粤港澳要利用改革机遇，鼓励各地方金融控股公司和其他金融机构拓展金融业务范围，创新跨市场、跨领域的金融产品，发展一批金融龙头企业。

大力发展普惠金融。粤港澳大湾区金融改革创新要扩大民间资本进入银行业，发展普惠金融和多业态中小微金融组织。同时应规范发展互联网金融，稳妥推进金融机构开展综合经营。推动民间融资阳光化，规范小额贷款、融资担保机构等的发展。提高金融机构管理水平和服务质量。通过银行产权主体多元化、市场化改革，发挥市场在资源配置中的决定性作用，提高银行体系的整体运行效率，更好地通过普惠金融发展服务社区、服务实体经济、服务民众，科学合理布局银行业金融机构租赁公司、消费金融公司和汽车金融公司以及农民合作社、担保机构等各类新型机构。扩大民间资本进入银行业，发展普惠金融和多业态中小微金融组织，稳妥推

进金融机构开展综合经营，推动各类金融机构参与粤港澳大湾区的金融改革创新进程，为湾区内提供更多创新与开放的可能性。

2. 完善金融市场体系

粤港澳大湾区的金融改革创新需要进一步完善金融市场体系。积极培育公开透明、健康发展的资本市场，提高直接融资比重，降低杠杆率。创造条件实施股票发行注册制，发展多层次股权融资市场，深化创业板、新三板改革，规范发展区域性股权市场，建立健全转板机制和退出机制。完善债券发行注册制和债券市场基础设施，加快债券市场互联互通。开发符合创新需求的金融服务，稳妥推进债券产品创新，推进高收益债券及股债相结合的融资方式，大力发展融资租赁服务。健全利率、汇率市场决定机制，更好发挥国债收益率曲线定价基准作用。推动同业拆借、回购、票据、外汇、黄金等市场发展。积极稳妥推进期货等衍生品市场创新。加快发展保险再保险市场，探索建立保险资产交易机制。建立安全高效的金融基础设施，实施国家金库工程。

改革创新过程中推动组建服务粤港澳大湾区、面向国际的金融资产、产权、大宗商品等要素交易平台，引导和鼓励交易平台创新交易模式和业务产品；推动将交易系统的报价、成交、结算以及信息发布等功能延伸到境外，开展跨境业务，推动在横琴设立重点服务粤港澳的区域性股权交易中心。以市场化方式整合现有产权交易市场，建设粤港澳大湾区统一的综合性产权交易平台。推动现有地方金融机构改革重组，打造广东上市银行板块，支持有条件的省属企业、社会资金参与农商行、城商行、农信社等地方性金融机构增资扩股和改制。扩大民间资本金融市场准入，加快金融重大平台建设，省市联动共同推进广州、深圳区域金融中心和珠海横琴、深圳前海、广州南沙及广东金融高新技术服务区等重要金融聚集区建设。

加快推动以区域股权交易市场为重点的各金融要素市场建设，以市场化方式整合现有产权交易市场，建设湾区统一的综合性产权交易平台。完善交易机制，创新股权、债权和资产证券化等多种融资产品，打造服务中小微企业与创新型企业和开展金融、科技、产业融合创新的综合平台。可以在广东自贸试验区将符合条件的机构优先纳入优先发行大额可转让存单的机构范围，在试验区内开展大额可转让存单发行试点。支持金融租赁公司和融资租赁公司在符合相关规定前提下，设立项目公司经营大型设备、成套设备等融资租赁业务，并开展境内外租赁业务（董斐，2015）。

3. 扩大金融市场开放

金融开放包括对内和对外开放。湾区内扩大金融业对内开放需要逐步降低金融业准入门槛，在加强监管的前提下，允许具备条件的民间资本依法设立中小型银行等金融机构，给予民间资本平等的空间。扩大金融业对外开放则需要强调三点：一是资本金融项目下的可兑换程度；二是资本市场双向开放；三是实现人民币资本项目可兑换。扩大金融业对内对外开放是湾区金融改革创新的迫切要求和必然选择，有利于粤港澳大湾区在更高水平上引入竞争机制，提升湾区内金融业竞争力。扩大金融开放，应合理安排开放顺序，根据湾区内经济发展的需要，应在对外开放前实行对内开放，对内开放中的风险主要是经济金融体系中潜在风险的释放，开放进程中这种风险呈递减之势，新风险的产生也较慢（蒋瑞波，2014）。

推进人民币国际化。粤港澳大湾区的建设与人民币国际化相辅相成。湾区内人民币国际化以人民币跨境使用和构造离岸及在岸人民币中心为重要内容。通过三地的互联互通、互惠互利，提升三地的整体实力，发挥三地在硬件制造、商务服务、财务融资、旅游消费等领域的特长，借助香港人民币离岸中心的优势和深圳作为人民币国际化的先行试验区及外资进入内地的资金池，粤港澳大湾区有望成为中国最具全球竞争力的人民币国际化的金融港湾。

支持大湾区跨境人民币信贷资产转让。在大湾区内推出商业银行跨境人民币信贷资产转让政策，允许商业银行将在大湾区投放的信贷资产进行跨境转让，以释放更多的信贷资源支持大湾区发展，降低大湾区区内企业融资成本，支持实体经济的发展。在个信贷资产选择方面，建议优先推动低风险信贷资产业务。

大湾区开展跨境人民拆借业务。根据《中国人民银行关于简化跨境人民币业务流程和完善有关政策的通知》规定，境内代理银行对境外拆借银行的人民币账户融资期限为一年，融资比例不得超过该境内代理银行人民币各项存款上年末余额的3%。[①] 大湾区是“一带一路”的重要门户，大湾区内银行将成为粤港澳企业“走出去”的强大金融后盾，建议提高账户融资期限以及融资比例，为湾区内企业重大项目投资提供更多，更长期的低成本融资。

进一步扩大内地与港澳地区市场要素的双向开放联通，倾力打造“共享金融市场，巩固金融改革创新，共促金融稳健发展”的合作平台，更好地满足实体经济的需要，服务大湾区的供给侧结构性改革。粤港澳金融改革创新促使更多的港澳金融机构“走进来”，带动广东及内地金融业发展，可发挥较强的辐射作用。加强同国际金融机构合作，在跨境人民币业务、金融机构准入、外汇管理改革、跨境金融产品、跨境投融资业务、金融风险防控等方面重点突破。探索建立与枢纽型网络城市发展相适应的外币账户体系，进一步便利市场主体开展跨境投融资及汇兑业务，推动在岸银行发展离岸人民币业务，推动金融IC卡和移动支付在公共服务领域的应用。在自贸区设立融资租赁公司，开展飞机、船舶和海洋工程设备等融资租赁业务。以积极姿态促进粤港澳湾区内金融市场合作以及服务贸易相关资金跨境流动，推广金融IC卡跨境使用，五年内实现与港澳金融市场的互联互通。

4. 加强金融监管协调

明确中央和地方金融监管职责。粤港澳湾区金融改革要把主动防范化解系统性金融风险放在更加重要的位置，科学防范，早识别、早预警、早发现、早处置，着力防范化解重点领域风险，着力完善金融安全防线和风险应急处置机制（王宇，2017）。湾区金融改革要明确金融监管和金融风险防控工作中中央和地方的职责。在中央统一规则下，强化属地风险处置责任，更有利于防范和化解金融风险，有利于消除机构间“交叉区域”“真空区域”的套利机会，加强金融监管协调，补齐监管短板，健全风险监测预警和早期干预机制等。

开展金融综合监管机制创新试点。随着金融业的快速发展，各类金融机构和非金融机构，如互联网金融、P2P出现野蛮式增长，需要实现全方

① 史亭亭：《商业银行开展跨境人民币融资业务策略分析——以招商银行为例》，暨南大学硕士论文，2016年。

位的金融监管予以防范。然而，在现行的金融监管规则下，某些金融业态处于监管真空、交叉地带，游离于监管体系之外，带来重大金融隐患。支持在粤港澳大湾区开展金融综合监管机制创新试点，探索金融综合监管创新，开展粤港澳金融监管交流与合作，有利于加强广东省地方各级政府金融工作部门与驻粤金融监管机构的沟通协调，加强信息通报，建立责权对等的地方金融工作机制；有利于加强跨部门、跨行业、跨市场的金融业务监管协调和信息共享，进而组建大湾区金融综合监管合作理事会。

第十三章

粤港澳大湾区主要城市金融改革创新的政策建议

一、广州

1. 创新发展绿色金融

培育发展绿色金融组织体系。支持在穗法人银行和省级分行设立绿色金融事业部或绿色支行，并在财务资源、人力资源等方面给予适当倾斜。探索设立为绿色企业提供全生命周期金融服务的现代绿色投资银行。支持围绕投资绿色企业、产业和项目，成立股权投资基金、创业投资基金和私募基金等。推进金融租赁公司和小额贷款公司、融资租赁公司等类金融组织以及专业性中介机构等参与绿色金融业务，支持有条件的公司设立绿色专营机构。

创新发展绿色金融产品和服务。积极研发适合节能减排、资源综合利用的能源效率贷款、节能减排专项贷款等绿色信贷产品。推进适合时尚创意、旅游休闲、生态农业等领域的绿色信贷产品创新。鼓励开展绿色信贷资产证券化，推广合同能源管理和合同环境服务融资，鼓励发展未来收益权质押贷款、节能环保项目特许经营权质押贷款、排污权质押贷款、碳资产及环境权益质押贷款等信贷产品。设立政府引导基金，鼓励社会资本成立各类绿色产业基金，为绿色项目提供资金支持。推动设立市场化运作的绿色产业担保基金，为绿色信贷和绿色债券支持的项目提供担保。开展投贷联动绿色融资服务模式、银保联动贷款、选择权贷款和节能环保企业股权化直投业务等创新，开展“股权 + 绿色信贷”和“绿色信贷 + 认股权证”等融资方式创新。围绕新能源汽车研发设计、生产、流通、消费等各个环节积极引导金融机构开展新能源汽车金融产品创新，包括废气排放权抵押、清洁空气汽车贷款、小企业管理快速贷款等绿色信贷产品，支持汽车企业投资节油技术、开发新能源产品。

建设绿色金融要素交易市场。依托广东省碳排放权交易试点和全国碳市场的建设，大力开发碳债券、碳保险、碳信贷、碳资产证券化、碳期货等碳金融产品。推动碳资产抵押贷款，对碳减排项目下获得贷款的企业给予部分或全额贷款贴息。争取以广东省低碳基金为母基金，在试验区内引导社会资本设立碳基金。尽快推进设立以碳排放权为首个品种的广州创新型期货交易所工作。建立排污权交易平台，探索开展排污权、水权、用能总量指标等交易，营造公开公平的排污权交易市场环境，支持减排项目，降低减排成本，提高减排效率。

夯实绿色金融基础设施。加强人民银行征信系统和金融监管部门与环境保护、安全生产、工业和信息化等主管部门及保险协会等社会组织之间的信息共享，将企业的污染排放信息、环境违法记录、安全生产、参保情况等信息纳入市公共信用信息管理系统，建立覆盖面广、共享度高、实时性好的绿色信用体系，作为银行办理信贷业务和其他金融机构提供金融服务的依据。充分发挥信用促进会等信用自律组织的作用，逐步建立守信激励、失信惩戒的信用环境。支持政策性担保机构探索设立结构化绿色产业担保基金，为绿色信贷和绿色债券提供增信服务。打造“绿色支付工程”，大力提高清算便利化、数字化程度。以绿色金融为引导，积极推广电子商业汇票、手机网上支付等新兴支付工具，大力推进绿色环保企业“手机支付应用示范群体”创建活动（吴娜，2017）。

2. 大力发展金融总部经济

广州市要从引进外资、吸引回迁、自设总部等方面着手打造金融总部经济，进一步加大金融招商力度，完善激励政策，改进行政服务，营造良好环境，吸引更多金融机构及其附属机构进驻广州，促进金融机构的集聚发展。加快珠江新城金融商务区和员村金融总部区建设，不断改善环境，重点引导国内外金融机构总部和地区总部进驻。加快广州金融创新服务区建设，着重发展特色产业金融，积极发展金融外包和后台服务，开展金融创新研发。推进国际金融资讯中心建设，支持“新华08”工程做好规划工作。

3. 加强高端金融人才队伍建设

建立健全全市金融人才培养、引进、使用和激励机制，落实各项补贴和优惠政策，吸引金融人才来穗创业发展。支持金融机构与香港及国际金融界加强人才交流，鼓励金融机构加大对外交流合作与外派培训力度，吸引优秀金融人才和海外金融专业留学人员，尤其是熟悉国际金融市场规则、精通金融衍生工具和金融创新技术的高级人才来穗发展。加强广州地区金融机构与“一带一路”沿线发达国家和地区的人才培训与交流，着力培养一批具有国际金融机构工作经验、国际视角、国际金融外交经验的国际金融人才梯队。

4. 促进金融扩大开放

促进穗港澳金融机构合作。支持在穗金融机构在港澳设立分支机构，支持在穗企业收购、并购港澳金融机构。研究出台优惠政策，吸引港澳金融机构在穗设立法人机构。争取国家支持进一步降低港澳金融机构进入广州的门槛。推动穗港澳金融市场联通。发挥自贸区和粤港澳服务贸易自由化政策优势，推进穗港澳在跨境贷款服务、发债、直接投资、基金产品互认、保险业务协作等方面的合作。加强对粤港澳优质生活圈建设的金融服务。支持与港澳地区开展个人跨境人民币业务创新。支持穗港澳共建跨境电子支付系统，实现跨境小额支付一卡通。促进金融集成电路卡和移动金融在自贸区和港澳地区的互通使用。加强对港澳青年在穗创业项目的金融支持。

加强穗台金融合作。提升穗台跨境人民币结算规模。借助中国进出口商品交易会的平台，大力宣传与推广跨境人民币结算业务，及时了解掌握广州企业在对台业务开展中遇到的问题，引导金融机构积极开发与跨境人民币业务相配套的贸易融资、理财和套期保值产品，推动穗台跨境人民币结算规模进一步扩大。每年举办一届穗台金融论坛，不断提升论坛的层次和规模，扩大影响力，搭建穗台金融业界交流合作的重要平台。

加强与“一带一路”沿线国家和地区交流合作。利用广州空港和广州港在“一带一路”中的航空交通枢纽优势，将广州空港和广州港打造为“一带一路”航空航运金融服务平台。将中国（广州）国际金融交易·博览会打造为“一带一路”金融合作交流平台，面向东南亚、澳大利亚以及欧洲等“一带一路”沿线国家和地区推进金融文化交流合作。依托广州金融资产交易中心，探索在广东自贸区南沙新区片区设立跨境金融资产交易平台，以私募方式开展面向港澳地区和21世纪海上丝绸之路沿线国家的股票、基金、债券等金融证券产品发行和转让交易。研究探索设立广州交易所集团“一带一路”国际产权交易中心、广州碳排放权交易中心“一带一路”国际交易板、广州股权交易中心“一带一路”国际交易板，吸引“一带一路”沿线国家和地区的先进制造业、高技术产业以及战略新兴产业到广州开展产权交易或场外交易市场（OTC）挂牌融资。加强广州地区金融机构与“一带一路”沿线发达国家和地区的人才培训与交流，着力培养一批具有国际金融机构工作经验、国际视角、国际金融外交经验的国际金融人才梯队。

二、深圳

1. 大力推进跨境金融创新

积极配合人民币国际化战略，依托毗邻香港国际金融中心的区位优势以及中国（广东）自由贸易试验区深圳前海蛇口片区、前海深港现代服务业合作区等战略平台，进一步打通本外币、境内外、在岸离岸市场的对接合作路径，持续拓宽跨境资金融通渠道，完善跨境资产交易机制，加快构建境内外投资者共同参与、交易、定价和信息功能较强的跨境人民币资产市场。配合推进外汇管理改革创新和资本项目有序开放，探索开展资本项下外汇额度管理创新，研究实行本外币账户管理新模式，尝试对跨境流动资金实施轧差管理，深化跨国公司总部外汇资金集中运营管理试点，鼓励跨国公司设立全球性或区域性资金管理中心；探索个人境外直接投资试点（QDII2），推动合格境内投资者境外投资试点（QDIE）工作，开展包括直接投资、证券投资、衍生品投资等各类境外投资业务，支持前海跨境财富管理中心建设；积极研究基金产品、私募股权产品、信托产品等金融资产的跨境交易，扩大资本项下资金境内外投资的广度和深度。

2. 提升直接融资能力

深圳政府需要为深圳的企业创造更好的条件，为其拓展融资渠道，同时也要提升金融市场的整体融资能力。已经上市的公司，需要不断优化自身的股权结构，并改善自身的公司治理能力，提升公司的盈利能力和融资能力。当公司运营需要更多的资金，也可以通过配股、增发和发行可转换债券的方式来实现再融资，获得边际成本较低的资金。政府需要为上市公司创造优厚的条件，增加拟上市公司的资源积累，并引导他们提升公司治理和信息披露水平，提升盈利能力，从而加快上市速度。对于没有上市的企业，政府应该大力鼓励他们使用非上市或者海外上市的融资方式来募集运营所需的资金（高洁，2017）。

3. 加强金融市场服务产业的功能

一方面，打造深圳级文化产业投融资服务中心，促进文化创意成果转化，通过建立精品文化产品项目库，组织投融资洽谈会等专业化服务，搭建文化项目与资本市场对接的渠道和平台，积极开展著作权、版权抵质押的反担保新模式，对部分优质企业进行信用担保。打破文化创意类企业普遍轻资产、可供抵质押固定资产少的僵局。另一方面，联合政府、农业互联网金融机构、涉农企业、种养大户等，打造多方信息的交流平台，深度探索涉农产业、涉农互联网金融的对接模式。农业金融应以金融为手段深入介入农业各个环节，从土壤修复到农资供应，再到种植管理、设备加工和收购等，实现资本和产业的良性互动（高洁，2017）。

4. 创新发展多层次金融市场

支持深交所加强资本市场改革创新，推动深市主板、中小板、创业板发展壮大，丰富债券、资产证券化产品系列，通过健全融资功能服务企业增量发展，通过完善并购重组机制等优化存量结构，全面提升服务实体经济能力。支持前海股权交易中心、深圳联合产权交易所等区域性股权交易市场创新发展，打造中小微企业多元化综合性直接融资平台。拓展保险创新发展试验区功能，大力引进责任保险、航运保险、科技保险、信用保证保险、健康保险、养老保险等专业性保险公司以及互联网保险、自保、相互制保险等创新型保险机构，积极培育再保险市场，完善保险市场层次体系。支持金融机构依法合规探索非标准化金融资产二级市场交易，丰富交易品种，优化交易制度。规范发展金融要素市场，增强价格发现、交易匹配等市场功能，促进金融资源优化配置流转。

三、珠海

1. 打造特色金融组织体系

积极争取率先在珠海进行类金融机构准入制度改革，争取放宽或取消不涉及社会公众负债业务和托管业务的类金融机构准入行政审批，支持类金融机构发展，形成多层次的金融组织体系，为市场提供更多元、更具竞争性的金融服务。推动传统金融业进一步聚集和创新发展。积极促进银行、证券期货、保险等传统金融业在珠海设立分支机构，重点引进法人型机构和区域总部机构，鼓励现有传统金融机构通过金融创新做大做强后升格机构层级，扩大管理及业务辐射区域。在 CEPA 框架下，继续大力引进港澳传统金融机构。推动符合条件的本地法人金融机构大力发展投资银行业务。

大力发展各类要素交易平台。积极推动组建服务粤港澳、面向国际的金融资产、产权、大宗商品等要素交易平台，引导和鼓励交易平台创新交易模式与业务产品。推动将交易系统的报价、成交、结算以及信息发布等功能延伸到境外，开展跨境业务。推动在横琴设立重点服务粤港澳的区域性股权交易中心。推动建立适应大宗商品交易需要的金融机构、保税交割仓库。推动设立连接商品期货与现货交易市场的创新型交易平台；推动建立沟通场内市场和场外市场的交易服务机构。

大力引进各类金融中介服务机构。大力引进国际化的会计师事务所、律师事务所、投资咨询公司等为金融机构提供服务的中介机构，完善产业配套，打造金融全产业链条。

2. 完善金融市场功能

大力发展科技金融。建立科技金融深度融合的政策体系，出台促进科技金融发展的实施意见及配套办法，创新财政资金投入机制，综合运用引导基金、专项补贴、风险补偿、贷款贴息等方式，激励和引导金融机构开展科技金融业务。搭建科技型企业融资需求信息平台，改进对接方式，促进科技型企业与金融机构高效对接。

积极推进保险市场深化发展。推进保险企业调整产品结构，提升保险服务，鼓励和引导保险公司开发具有地方特色、公司特色、个性化、专业化的新产品。积极发展“三农”保险、小微企业信贷保险、责任保险，探索巨灾保险。支持符合条件的发起人在珠海设立专业保险公司，推动保险公司在珠海建立产品研发机构和全国性客户服务中心。积极利用境内外保险资金，拓宽保险资金使用渠道，灵活运用股权、债权方式投资珠海基础设施和产业项目。

促进私募基金业加快发展。完善支持私募基金发展的政策措施，重点解决基金募集、政府跟投、市场退出等问题，激励私募基金扩大在珠海市的投资规模。发挥珠海市创业投资引导基金作用，带动社会资金加大对“三高一特”产业的投资力度。进一步加大对金融创新的支持力度，在财力许可的范围内保障涉及金融创新的资金需求。

加快推进融资租赁业发展。出台关于促进融资租赁业发展的意见、项目子公司管理办法，制定工商注册、税收征管、财政补贴、金融监管、外汇管理、海关监管、人才激励等综合配套改革措施。推进设立金融租赁公司、融资租赁公司。支持开展融资租赁业务创新。

积极促进互联网金融发展。抓住互联网金融发展的机遇，研究制定专项政策，推动珠海互联网金融产业发展，大力吸引互联网金融企业在珠海注册设立，引导互联网企业在珠海聚集发展。鼓励互联网企业开展科技与金融相结合的技术创新和商业模式创新。

3. 促进横琴新区跨境金融业务创新

加快人民币跨境业务创新。推动扩大跨境人民币银团贷款业务规模，积极争取在横琴开展跨境人民币贷款试点。支持珠海企业赴港上市和发行人民币债券。推动横琴在跨境资金管理、人民币资本项目可兑换、人民币跨境使用等方面先行先试，实现横琴与境外之间资金自由流动和兑换。争取允许横琴居民和非居民在区内银行开立本外币自由贸易账户，允许横琴银行机构设立分账核算单元，探索实行本外币账户管理新模式。

推动离岸金融业务创新。争取符合条件的金融机构在横琴开展离岸金融业务，鼓励有离岸业务经营资格的银行在横琴设立离岸业务中心。推进横琴金融机构探索开展同业离岸业务。

深化珠港澳金融合作。推进横琴与澳门实施同城结算，便利两地资金往来和结算。争取进一步放宽港澳各类金融企业到横琴设立机构和开展业务的准入要求，加快组建合资的全牌照证券公司，推进更多符合条件的澳门银行在横琴设立营业机构和开办人民币业务。依托澳门加强与葡语系国家的金融合作，吸引葡语系国家银行、保险、证券、基金等金融机构落户横琴，推动设立面向葡语系国家的“走出去”基金。

推动外汇管理改革创新。争取跨境直接投资与前置审核脱钩，由银行办理跨境收付、兑换业务。推动外商投资保理公司借用外债额度按照外商投资租赁公司政策执行。推动开展跨国公司总部人民币和外汇资金集中运营管理试点，推动跨国公司设立区域性或全球性资金管理中心。争取在横琴开展人民币国际贸易结算中心外汇管理试点。

4. 加强监管，构建良好金融营商环境

创新金融监管和风险防范机制。探索在珠海进行地方金融审批监管体制改革试点。积极争取上级监管部门的支持，按照“宽准入，严监管”的原则，将部分机构准入、业务创新、产品审查、高管核准等职能授权珠海属地监管部门。针对新兴金融业发展状况，调整完善金融风险识别、评估、分类监测及处置机制，促进珠海金融产业的良性稳健发展。针对金融风险易感人群开展投资者教育，在大学、社区尝试推进金融常识教育。

营造良好的金融公共服务环境。稳步推进社会信用体系建设，不断增强政府、企业和个人的信用意识，建立守信激励、失信惩戒机制，形成诚实守信的社会风尚。搭建金融机构和企业的融资对接平台，实现资金供需

双方高效便利地对接。适应交易需要，优化不动产、动产、无形资产的抵押、质押登记流程，提高办事效率。加强金融人才引进和培养。

加大金融行业人才优惠政策力度，解决人才户口、住房、医疗、社会保险、子女教育、出入境等实际问题。支持在横琴新区设立高端金融学院，鼓励大型金融机构在珠海设立高级金融培训机构，积极培养和引进一批具有全球视野和创新意识的高端金融人才，加快建设与国际接轨的金融创新人才培训基地。

四、香港

香港金融改革创新应是发展成为比肩纽约和伦敦的国际金融中心，香港作为国际金融中心，在制度、区位、资本市场体系，银行业等方面都具有较大优势。在金融改革创新发展中着重于打造"一带一路"金融服务中心、离岸人民币定价中心和亚洲财富管理中心。利用香港离岸人民币业务优势，将香港建设成为离岸人民币定价中心；发挥香港"超级联系人"作用，将香港建设成"一带一路"金融服务中心；支持香港与广州共建亚洲资财管理中心。

1. 发展绿色金融

近年来，气候变化带给自然环境和人类社会的巨大风险，越来越受到世界各国政府、社会及企业的关注。在此大背景下，绿色金融的概念成为时代热词，发展绿色金融已是大势所趋。香港作为国际金融中心，需要抓住机遇，发展绿色金融。发展绿色金融是香港开拓债券和项目融资市场的一个重大机会，带来的好处包括增加就业，促进投资管理、衍生工具、保险、私募基金行业的发展等。由受政府和公营机构管控的发行人发行基准"绿色债券"；成立绿色金融咨询委员会或同类机构，以制定长远工作重点、提供协助；举办有关绿色金融及投资的全球会议，以及一系列座谈会；借助大学和专业团体培育绿色金融人才，确保人才供应；鼓励资产持有人和投资经理从气候与环保角度审视投资风险；提高香港股票市场、债券市场和私募基金市场的吸引力，招徕绿色企业及其投资者。

2. 推动人民币债券市场发展

香港债券市场的发展、未来的机遇在离岸人民币市场，应继续吸引内地企业和外国机构在香港发行人民币债券。加快建设香港离岸人民币定价中心，继续扩大跨境人民币业务试点，鼓励内地企业和机构在香港发行人民币债、人民币SDR债，支持香港联交所开展双币计价（港币和人民币）的黄金期货交易，扩大人民币与港币的双向流动渠道和规模。发挥香港在人民币结算、交易、融资、投资等方面业务优势，打造人民币国际化重要通道，将香港建设成为离岸人民币定价中心，从而促进香港人民币债券市场的稳步发展。

3. 强化资产管理中心功能

香港拥有高效的资本市场、多元化的融资渠道。计划“走出去”的内地企业或世界其他地区的企业，可在香港进行公开招股或上市后再集资，以及以发行债券及银行贷款等多元化渠道进行融资。支持香港为海内外华人企业提供多元化的风险管理、资产管理、法律以及争议调处等专业服务，建设亚洲资财管理中心。从中长期看，东亚特别是中国内地，作为全球经济增长最快和前景最好的地区，将吸引大量区外资金到区内投资，资产与财富管理业务增长的潜力很大。香港作为全球性国际金融中心，将进一步巩固和发展基金管理、私人银行、财富管理以及企业资本性融资，金融衍生品等方面的高附加值和资本市场业务，成为亚太区特别是大中华区主要的资产与财富管理中心（冯邦彦，2011）。

4. 打造金融服务枢纽

利用香港在人才、法律等方面的国际优势，以跨境金融、离岸金融为重点，鼓励湾区企业与“一带一路”沿线国家的金融和投资机构开展合作，将香港建设成为以人民币国家化为核心的“一带一路”金融服务中心。香港应以中国概念为突破，借助“一带一路”倡议提升全球融资中心功能。一方面，要增长国际金融渠道建设，提升人民币离岸业务，逐步形成人民币离岸中心。全面深化与“一带一路”沿线国家和地区的金融合作，支持沿线国家和地区的金融机构进入香港，开展离岸和跨境业务。探索建立开放人民币业务创新实验区，探索设立中国—东盟跨境人民币结算中心，推进与沿线国家和地区的“货币流通”。另一方面，推进“一带一路”建设，就是要推动沿线国家和地区基础设施建设，未来一段时期内将有不少内地企业以基础设备出口带动对外投资发展，产生大量的投融资需求，特别是交通基础设施、通信设施、石油开采与供应等能源基础设施。这就为香港在融资租赁、资产管理、债券发行等特色金融业的发展提供了庞大商机。促进香港金融改革创新发展。要发挥香港资本市场发达、国际资本聚集的优势，推动广东和内地企业赴香港上市，发行债券，并鼓励广东和内地企业以香港金融为平台开展境外投资，可将香港发展成为中国企业最重要的境外上市和投融资中心（冯邦彦，2011）。

五、澳门

1. 发展特色金融

澳门的金融改革创新要走出一条与香港、深圳等国际金融中心错位发展的特色金融路径。需要选择性地发展具有澳门特色的金融产业，以葡语系国家人民币清算中心、融资租赁、财富管理三大板块为主，推动澳门中小企业发展、青年“走出去”参与区域合作等。“一带一路”沿线许多国家基础建设正处于起步阶段，未来 10 年基础设施投资需求达 8 万亿美元，巨大的资金缺口对融资租赁业务提出新需求。而澳门在国家“一带一路”倡议中，作为连接国内、国际两个市场的枢纽，融资租赁发展前景良好。

澳门发展特色金融，首先需要“突出特色优势”，即充分发挥澳门制度、社会、经济、区位优势，结合中葡平台定位，以平台经济模式推动特色金融发展。其次要“定位特色行业”，即从建设融资租赁市场和绿色金融交易体系等特色金融行业入手，为国家高铁、船舶、海洋工程、大型设备等行业提供“走出去”“引进来”的金融平台，为绿色企业、绿色商品交易提供专业服务。最后要定位“服务特色区域”，即服务并辐射珠江西岸和泛珠西地区以及葡语国家、“一带一路”沿线国家等区域市场，与周边的金融城市形成错位，更有利于区域协同发展。

2. 打造中葡商贸合作金融服务平台

澳门的金融改革创新应重点发展成为中国与葡语国家商贸合作金融服务的平台。澳门具有“一国两制”的制度优势，国家支持澳门“一个中心”“一个平台的建设”。同时，澳门是联系中国与葡语国家的重要纽带，所以澳门参与大湾区金融改革创新具有独特优势。可以透过“中葡合作发展基金”投资葡语国家，积极推动中葡经贸投资合作及建设；推动内地大型非银行支付机构与澳门企业合作，共同开拓面向葡语国家的市场。支持澳门发起设立“中葡合作发展基金”，与丝路基金携手，共同支持湾区企业赴“一带一路”沿线国家尤其是葡语国家开展基础设施、产业园区、能源资源等重大项目建设。同时应鼓励在澳门境内开展人民币跨境支付结算，积极扩大人民币在澳门的使用和流通，配合推动人民币国际化。

第四篇

建设国际风投创投中心

第十四章

建设国际风投创投中心的宏观环境

打造国际风投创投中心是“有效推动金融改革，建设金融创新先行省”的重要举措，为了打造这一大中心，需要有效落实加快促进创业投资持续健康发展的配套扶持政策，加强政府引导和扶持，创建国内最优良的创业投资环境，完善天使投资等创投链条，培育形成国际知名创业投资品牌机构，拓宽创业投资退出机制，加快建设一批基金产业园、基金小镇或股权投资基地。为了明晰风投创投中心的总体方向、发展路径、工作重点和创新举措，首先需要对广东乃至全国的风投创投中心的发展现状进行梳理。

一、我国风投创投行业概况

风投创投基金的资本投入，是初创企业启动的推动力，在激励创新创业上发挥了重要作用。随着全国“大众创业，万众创新”的稳步推进，风投创投基金行业的发展已经成为现实需要。在我国，风险投资、创业投资基金在推动促进创新创业、创新型经济成长、社会就业提高、产业机构调整和转型升级方面具有独特的、具他金融工具难以替代的作用。2014 年，我国地区股权投资规模占全球市场的 18%，代表中国已经成为全球最重要的股权投资市场之一。2014 年中国的投资市场发生的投资笔数高达 1917 起，同比增长 67%，其中单笔投资规模平均达到 1000 万美元。截至 2015 年末，我国风投基金存量为 3961 亿元（不含天使投资、天使投资和风投基金合计约 4900 亿元），比 2014 年增加 21.6%；单个基金管理规模约 3.6 亿元，低于 2014 年 4.5 亿元的水平。我国风投创投基金开展投资 3445 起，其中，披露金额的3113起，投资交易总额为1293亿元，资金集中的行业为互联网、电信、生物、医药保健、金融、IT，合计占比约73%。①

二、广东省风投创投业发展情况

作为全国经济改革发展的前沿，创业投资取得了显著成绩。中国民主建国会中央委员会、科技部与广东省政府联合打造的中国风险投资论坛已经连续举办了19届，成为国际国内有重大影响力的风险投资专业论坛。2017年广东省在全国率先提出了建设国际风投创投中心的口号，并写入了省委、省政府金融工作文件，各部门、各地市按照部署积极予以推动。到2017年末，广东省在中国基金业协会备案的创业投资和私募股权投资管理机构有2930家，注册资本1892.59亿元，管理基金近6000只，基金规模约1.4万亿元。2017年经披露的广东省创业投资活跃度达到历史高点，投资案例和投资金额分别达到855起和319.46亿元（其中，天使投资25亿元），同比分别增长48.7%和86.2%，数量和规模在北京之后，居全国第二位。一是制定完善系统性配套措施。广东省政府出台了《广东省加快促进创业投资持续健康发展的实施方案》，在七大方面提出了20项具体政策措施，极大优化了创业投资发展政策环境。广东省珠江人才引进计划中也首次将私募股权投资人才纳入引进范围。同时，支持鼓励各地市在财政、人才、税收等领域制定优惠政策，吸引私募创投机构进驻。深圳市政府修订出台了《深圳市外商投资股权投资企业试点办法》，深化QFLP、QDLE试点，引导更多境外资金投向境内实体，支持资金雄厚、风控良好的企业及上市公司在深圳设立各类投资基金260余只，管理规模合计6000亿元。二是积极打造私募创投机构聚集区。除了广东自贸区外，广州、佛山、东莞等珠三角地市均积极打造私募创投聚集区，如广州洋湾创投小镇、佛山南海千灯湖创投小镇、东莞松山湖基金小镇等，粤东西北欠发达地区也积极探索，如汕头华侨试验区已有华润等一批大型基金进驻，韶关市也建设了天使小镇发展天使投资。三是建立大型政府引导基金。为引导创业投资

① 根据广东省地方金融监督管理局公开数据整理。

特别是天使投资，广东省、市两级政府均通过财政出资建立大型引导基金，省级层面整合注资 79 亿元成立了广东省创新基金，深圳市新成立了规模为 50 亿元的天使投资母基金和 50 亿元的中小微企业发展基金。广州市设立工业转型升级发展基金、韶关市也成立了丹霞天使投资母基金。四是形成各层次资本市场的联动效应。在 2018 年上市的 98 家广东企业中，有 80% 接受过创投和私募基金的前期投资，新三板挂牌退出的 2018 年有 54 起。在区域性股权市场设立了“青创板”“科技板”等特色板块引导高科技企业进入资本市场，在广州设立中证报价系统南方中心探索私募基金份额转让业务。

在早期投资市场，2015 年拥有科技企业孵化器达到 399 家，其中，国家级孵化器 61 家，在孵企业 1. 8 万家；2016 年广东省天使投资机构新成立 13 只基金，共募集 27. 93 亿元；发生 268 起投资案例，披露案例金额约为 14. 19 亿元（见图 14 – 1）。在创业投资市场，2014 年初，广东创业投资案例数量占全国创业投资案例数量的 16%，仅次于北京和上海；2016 年，创业投资新募基金共 99 只，披露金额 723. 95 亿元人民币，发生 575 起投资案例数，披露投资金额共计 171. 54 亿元人民币（见图 14 – 2）。①

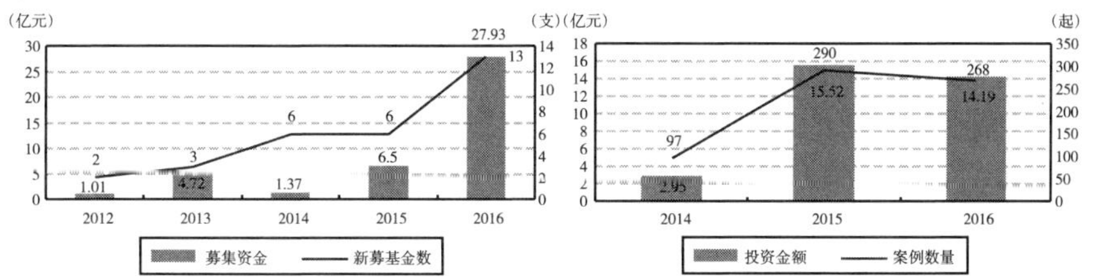

图 14 – 1　广东省早期投资市场募资及投资情况

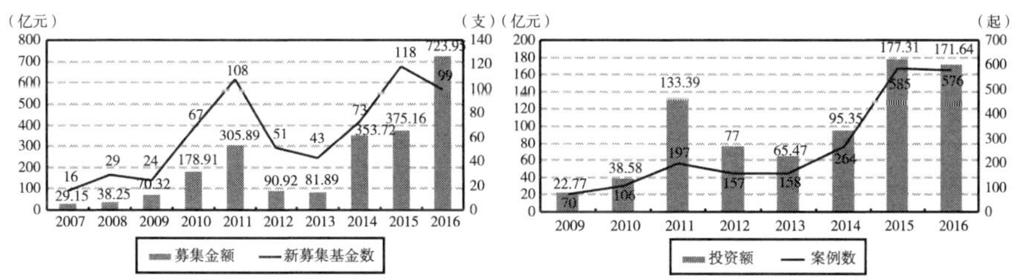

图 14 – 2　广东省创业投资市场募资及投资情况

① 根据广东省地方金融监督管理局公开数据整理。

在投资资本上，这些创投机构管理的资本已经超过4000亿元。中小规模的创投企业达到3500多家，其中达到上市规模的超过400家。广东正在全力打造国际风投创投中心，截至2015年初，广东在创业投产方面的投资达到5.7亿元，极大地推动了高新技术产业的发展。2016年5月底，全省备案的私募股权、创业投资基金管理机构达2372家，排名全国第一，管理基金4994只，认缴规模1.75万亿元，实缴1.08万亿元，占全国总量的1/5。①

但广东省风投创投同样存在问题，主要表现在创业投资在水平的发展上滞后于全省经济发展的水平。根据2015年广东省政府工作报告，2014年全省实现国民生产总值6.78万亿元，比上年增长7.8%。全年完成固定资产投资2.59万亿元，增长15.9%。但是在2014年广东省的创业投资资本总额只有5.7亿元，占固定资产投资的2.2%。② 因此，应该进一步推动创业投资高质量、高速度发展，打造资金池，积极提供配套服务，打造华南风投创投中心，建设金融强省。

三、广州市风投创投业现状

广州市经济金融实力雄厚，风投创投发展迅速。国内生产总值已连续24年居全国第三，金融业长足发展，2016年广州的本外币存款余额接近5万亿元，贷款余额超过3万亿元，稳居全国大城市第4位，保费收入突破1000亿元，在全国大城市排名第3位。③

风投创投产业基础雄厚。注重政府财政引导基金的投入，从2010年起设立了创业投资引导基金，2013年运用24亿元财政资金设立广州产业转型升级引导基金，2015年则安排15亿元财政资金设立广州工业发展引导基金，并于2016年拿出5亿元财政资金设立广州中小企业发展基金。已在市级层面形成涵盖产业转型升级、工业发展、中小企业、大数据、科技创新、城市更新等领域的引导基金体系。④

①② 根据广东省地方金融监督管理局公开数据整理。

③④ 根据深圳市地方金融监督管理局公开数据整理。

风投创投行业发展迅速。截至2016年8月，广州全市新增各类风投机构约320家，平均每天新增一家以上，总数已达1300多家，管理资金规模超过3000亿元。至2016年底，广州各类创业投资、股权投资、私募基金机构1700余家，管理资金规模3600亿元；截至2017年6月中旬，广州已集聚各类创业投资、股权投资、私募基金机构3000多家，管理资金规模6000多亿元。半年内广州的股权投资机构数量和管理资金规模猛增74.7%、66.7%，到年底创业投资的投资案例和投资金额分别占全省的24.5%、21.2%。①

四、深圳市风投创投业现状

深圳市作为广东创投事业的引领者，其风投创投具有发展历史长、规模大、分布广、创新企业数量多、创投环境好、市场化程度高等优势，拥有一批包括深创投、达晨、同创伟业等表现不俗的创投公司。

早在1999年，深圳市政府就发起成立专业从事创业投资的深圳市创新投资集团有限公司，截至2017年4月底，深创投总资产235.65亿元、净资产129.53亿元。截至2017年5月底，投资项目共计745个，累计投资金额约288亿元，其中121家投资企业分别在全球16个资本市场上市，实现各类基金总规模共2104.18亿元。除了大体量的少数企业外，风投创投整体市场表现优秀，截至2016年，深圳的VC/PE机构累计近5万家，注册资本约3万亿元。②

在人才政策方面，深圳市通过“1+6文件”“孔雀计划”等政策吸引了大量高层次人才。例如，2016年3月深圳出台了《关于促进人才优先发展的若干措施》，81条措施178个政策点吸引人才进入深圳，积极打造人才优势。

---

① 根据深圳市地方金融监督管理局公开数据整理。

② 根据广州市地方金融监督管理局公开数据整理。

第十五章

广东省建设华南国际风投创投中心的 SWOT 分析

SWOT 分析法是用于确定项目自身的竞争优势（strengths）、竞争劣势（weaknesses）、发展机会（opportunities）和存在威胁（threats），从而将项目内外部环境有机整合起来的一种科学分析方法，把各种因素相互匹配起来加以分析，从中得出一定的结论，在此基础之上做出更具有科学性的结论。

一、发展优势

地理位置优越。广东省毗邻港澳，金融国际化程度高，具备国际交流的优势，有一定数量的中外合办的创新型研发机构，高等院校、科研机构的合作密切。

经济发展好。广东省经济增长数量庞大，产业基础雄厚，具备金融资本优势；经济发展质量高，经济、产业结构调整成效突出，经济结构在高科技、高端制造业、服务业等新领域的占比不断扩大；以投资管理为特色的金融产业发展活跃，为风投创投发展提供良好的支持。

创业投资环境良好。都市型创新创业的空间集中，具备成体量、高品质、配套完善的写字楼，创投机构聚集；市场化程度高，具有深交所、创投基金、股份银行等凸显经济活力的金融资源，市场要素交易流通快；社会资本密集、金融创新活跃，推动创新驱动发展

具备科技创新能力优势。高新技术产业发达，具有一定数量的高科技产业开发区，已经形成计算机、软件、通信、微电子产业集群；众多高校

和科研院校集聚，文化优势、人才优势和综合配套优势强。

政策支持优势。广东省第十二次党代会提出打造国际风投创投中心，建设风投创投中心有政策大力支持；用于支持创业的政策完备，区域创新活跃；中国风险投资论坛将轮流在广州、深圳举办，有利于扩大风险投资影响力。

二、发展劣势

风投创投基金业态不成熟。总体规模偏小，尚且不能适应“双创”发展的需要；单只基金规模偏小，难以构建合理的产品组合，导致抗风险能力较差；部分资金来源不合理，不具备长期性和承受较高风险等风投创投的特点，导致短期投机资金进入风投创投基金，放大金融市场风险；“重投资、轻管理”，基金偏好于投资成熟期企业，投入创业早期阶段的资本少，导致创业期的企业发展受到一定阻碍；缺乏长期完整投后管理服务，配套服务不全。

缺乏资金有力支持。风险投资规模难以满足广州企业技术创新和高新技术产业发展对风险资本的要求，创业投资在水平的发展上滞后于全省经济发展的水平；创投发展需要政府财政牵头，但由于较贫困地区的转移支付量大，压制了广东的财政实力。

相关法律法规有待健全。缺乏行业整体规划与管理，监管不足，存在多头监管和监管空白并存的现象，导致金融风险控制不足。

除此之外，存在着科技成果转化不足，优质投资项目少；从业人员素质有待提高，专业人才不足和基金管理经验积累不够等现象。

三、存在机遇

我国风投创投发展趋势已经形成。风投创投基金在推动促进创新创业、创新型经济成长、社会就业提高、产业机构调整和转型升级方面具有独特的、其他金融工具难以替代的作用。

立足于“十三五”规划和供给侧改革深化的背景，广东金融发展和风投创投业已走入重要机遇期，在全国率先放开了股权投资机构注册吸引金融和风投集团聚集。

创投业得到政策的大力支持。2016 年 9 月，《国务院关于促进创业投资持续健康发展的若干意见》提出了培育多元创业投资主题、多渠道拓宽创业投资资金来源、加强政府引导和政策支持、完善创业投资相关法律法规、完善创业投资退出机制、优化创业投资市场环境等内容。[①] 2017 年金融工作会议明确定调三大任务，包括服务实体经济、防控金融风险和深化金融改革，对风投创投工作的开展提供有力支撑。

国家层面开展科技创新改革。近年来，我国积极推进科技创新资源的配置方式改革，推动产业链、创新链、资金链深度融合，形成多元化、多层次、多渠道的科技投入体制，为发展科技创新型国家打下基础。

全国开启双创热潮。《国务院关于大力推进大众创业万众创新拖杆政策措施的意见》提出，不断完善体制机制、健全普惠性政策措施，加强统筹协调，构建有利于大众创业、万众创新蓬勃发展的政策环境、制度环境和公共服务体系，以创业带动就业、创新促进发展。这将为创业投资的发展提供大量优质的项目源。

四、存在威胁

金融风险仍然存在。表现在金融机构不良贷款率风险和互联网金融风险的监管要求不断增强。

资本退出机制风险。目前广东风投创投业缺乏有效退出渠道，创业板、新三板市场体系建立仍然不完善，不能有效为投资资本的退出提供平台。

社会信用体系缺乏建设。首先是广东金融信用体系、金融机构的信用平台建设不足，表现在金融交易中过度注重抵押，导致交易成本增加，合作效率降低，金融功能被抑制。同时信用监管不足，表现在金融信用行为法亟待完善、企业失信案例多发。

---

① 谢渡扬等：《促进风投创投基金行业发展》，中国政府网，http：//www. gov. cn/xinwen/2016 -03/15/content_5053463. htm。

第十六章

国内外风投创投中心建设经验借鉴

一、美国波士顿地区

波士顿拥有悠久的医疗实力，在生物技术和机器人技术方面全球领先。同时在大数据、企业级软件服务、生命科学等领域表现出色。该地区已经具备完善的风投创投生态系统，形成了以生物技术产业集群的发展吸引风险投资的风投模式。目前市场上活跃着4500家左右的创业公司，拥有6700位左右的投资人。创业公司种子轮平均在75万～80万美元左右，A轮在1000万～1050万美元左右。截至2015年第四季度，波士顿地区的风险投资超过了10亿美元，其创业生态圈价值460亿美元。

风投的发展离不开区域优势的打造。首先是人才优势，世界一流的研究教育机构成为集群发展和风投的智力基础：MIT、波士顿已是全美生物及相关专利拥有数量最多的地区。其次是完备的市场中介服务优势，包括行业协会、政府中介、民营中介等官方及民间营利性和非营利性组织，为生物技术企业提供从研究开发、技术信息、技术联系、成果转化、专利申请到风险投资、管理经营、税收优待、商业化和市场开拓甚至出口援助的全套服务。

外部政策环境也是促进生物集群和风投创投发展的重要因素。从全国来看，美国在政策层面已形成一个多层次的立体体系来加强对生物技术产业的扶持。如美国白宫、国会均设有专门的生物技术委员会来跟踪生物技术的发展，研究制定相应的财政预算、管理法规和税收政策；美国生物技术行业组织——生物技术工业组织（BIO）则一直致力于协调产业和政府之间的关系，推动政府制定有利于生物技术研究、开发和产业发展的政策。在州级层面，马萨诸塞州经济发展部负责促进商业和贸易发展；马萨诸塞州生物技术委员会是该区生物技术企业成员的贸易联合机构，专门负责提供教育、职业培训、产业信息以及生物技术企业间贸易联系等中介服务。目前，美国已经在企业之间建立了专业中介服务网络，包括行业协会、政府中介、民营中介等官方及民间营利性和非营利性组织，为生物技术企业提供从研究开发、技术信息、技术联系、成果转化、专利申请到风险投资、管理经营、税收优待、商业化和市场开拓甚至出口援助等涵盖整个产业发展链条的无偿服务与合同性服务，提升了企业之间以及企业和公共教育部门之间的产学研合作效率（翁媛媛、饶文军，2010）。

政府的扶持政策支持促进了集群的产业化运作，如税收鼓励政策、融资途径拓展和补助金提供。具体包括针对州税收和地方税收的经济开发鼓励项目，帮助企业显著削减商务成本；帮助符合标准的生物科技企业或医疗器械制造公司就其所创造的就业岗位获得奖励金，创造就业；研发税收减免，为研发投资排除障碍，全力促进创新；建立私营公用的经济稳定信托基金，提供高风险资金以帮助企业在波士顿建立中小型研发和制造基地；打造马萨诸塞州新兴科技基金：与传统借贷机构、风险资本和其他融资机构合作，帮助科技型企业建造新设施、在现址上进行拓展、改善租赁设施或购买新设备等。大规模的研究投入支持，吸引了大量健康医疗研究人员的集聚和健康服务人才池的形成，从而确保证波士顿健康医疗研究的全美领先地位，极大提高了集群的创新水平，促进了健康服务业的发展（翁媛媛、饶文军，2010）。

生物技术产业集群则成为吸引风投的产业优势。波士顿地区具备强大的研发能力，科研机构科学家自行建立生物技术制药公司，全球制药巨头在波士顿地区建立实验室。一流大学和国际顶尖医院集聚，如哈佛医学院、MIT、波士顿大学医学院、美国全国卫生研究所（NIH）及分支机构等。同时具有强大的科技成果转化能力，由此形成多元化的筹资渠道，包括联邦拨款或资助、州政府拨款或资助、大公司出资、成立基金会、贷款、风险投资等。在生物技术产业集聚中心，全球制药巨头林立的肯德尔广场，共吸收了大约140亿美元的风险投资，成为产业和资金紧密结合的生物科技中心地带。

因此，波士顿地区通过政府政策催化、区域优势打造，大力发展生物技术产业集群，在此基础之上自然而然吸引风投创投资金的投入，与产学研和科技成果转化之间形成良性循环。对于华南风投创投中心，同样应该加强政府对重点产业的支撑力度，吸引国内外风投创投资金在此聚集。为此，应提升知识产权在风投创投中的重要性，加强对创业创新早期知识产权保护并进行证券化创新，在市场竞争中培育更多自主品牌。

二、上海风险投资中心

2014 年 10 月，上海风险投资中心和大柏树科技创新中心在虹口成立，这两个中心成为对接科技项目和风险投资的主要综合性服务平台。同时，大柏树天使投资俱乐部成立，为天使基金与科技创新企业的沟通交流提供新渠道，除此之外建立“创新服务驿站”，提供六大平台助力创新，包括科技人才服务平台、科技成果转化与技术转移平台、科技金融服务平台、创新创业孵化平台、创新公共服务平台、信息化载体支撑平台，驿站通过建立对科技企业服务的“单一窗口”，为区内企业提供政策咨询服务、技术创新服务、科技人才服务、科技金融服务、创业指导服务等专业服务，以及企业管理咨询、法律、财务税务、审计、人才和人力资源等中介服务。在风投中心和科创中心、创新驿站的共同作用下，截至 2015 年 4 月底，虹口已经集聚各类金融机构 1052 家，管理资产总规模超过 1.5 万亿元人民币。①

中心借鉴纽约“硅巷”式的发展模式，嵌入式集聚打造无边界科技园区，发展轻资产高科技企业，即通过老厂房改造及现有写字楼、棚户区改造释放出来的空间嵌入式的容纳创新创业者。同时整合城区综合服务资源和科技产业发展资源，跳动和释放区域创新动力，聚焦人才项目引进和科技金融的对接，以产业园区作为创新核心点，以完善的城区综合服务作为

---

① 周楠：《借鉴硅巷模式，打造创新与风投中心——访虹口区委书记吴清》，载于《解放日报》2015 年 9 月 1 日第 2 版。

创新支撑面，打造“都市＋园区”混合型的科技创新特色区。

风投中心的建设离不开政府政策的扶持。上海市政府从资金和项目上进行全方位的引导，通过市场化的方式参与投资科技创新型企业，建立“虹口区产业引导基金”，撬动社会资金投入，促进科技成果转化；建立“创业投资基金”，促进科技人才创业；同时梳理100多个有科技含量、投资价值的原创项目，鼓励风投资本的注入和整合，激发企业创新活动。

中心大力开展中外合作，以“上海风险投资中心”为载体，通过与“中国风险投资促进会”的对接，吸引国内外风投机构加盟。目前，中美联手在上海杨浦区打造长三角风投中心“创智天地”，已经引入2亿美元的盛维资本中美投资基金，通过实体建设以及配套软实力补充，将“创智天地”打造成上海国际金融中心的重要组成部分，用以培育原创型中小企业发展，成为中外风投资金和科技项目对接的综合性服务平台。

在人才培养方面，首先政策提供支撑，如《虹口区进一步加快引进和培养优秀人才若干意见》中的人才住房补贴、高技能人才奖励等；通过“宏才工程”引入外地优秀人才，培养本地金融人才；同时加强人才服务体系建设，打造“一门式”公共人才服务平台，提升服务效率；探索相关创业人才创业失利的司法等救济机制。

因此，立足“街巷式”发展模式，上海风险投资中心、大柏树科技创新中心、创新服务驿站是三大核心实体，配套以政策扶持、中外合作，人才政策作为风投中心的软实力建设，促进中心的长远发展。对于华南风投创投中心来说，上海风投中心的借鉴意义是综合性的。搭建创投平台，利用“街巷式”“集聚式”“小镇式”等适宜本区域发展的模式，建设规模化的、层次性的、业务范围相互促进的风投中心、投资俱乐部、科创中心、创新驿站、股权投资平台，以及配套的各类产业园区和孵化基地。厘清这些机构的职能分配，形成创投中心的实体经营系统。

发挥政府资金聚集作用，通过创业投资引导基金、产业引导基金等政府财政资金投入，撬动民间投资于社会资本投入，在加强规制和门槛的基础之上，优化资金来源，建设立足中心的基金池“风投创投基金”，加速资本、人才、市场、产业的要素流动，迸发创业活力。

华南风投创投中心是国际化的风投机构，可以借鉴“上海国际金融中心创智天地”的经验，通过联合跨国企业建设孵化平台，与国外风投机构联合建设国际投资基金，鼓励境外专业机构到省内组建人民币创业投资基金，同时建立与国际科技高端服务业相融合的示范服务机构，提升国际化程度，培育创业中小企业的发展。

在人才培养方面，可借鉴人才创业失利的救济机制，为创业公司提供软着陆的退出平台。此外，对于资本的退出机制，应该完善新三板和区域股权交易市场交易机制，拓宽创业投资退出渠道，鼓励省内非上市股份公司通过新三板上市、新四板托管实现平台对接，规避资金链断裂风险，促进资金的可持续利用，加强市场的安全性。

三、上海张江高科技园

上海市是我国风险投资最为集中和活跃的地区之一，在风险投资的投资额、注册资本金和风险投资从业人员的数量和素质等方面都处于全国领先地位。按照投资行业角度，上海风投更多的偏好于软件与网络、生物医药、新材料等，集中于科技含量高、成长性好、投资回报高的新兴领域；从投资阶段角度出发，上海风投投资于种子期的比重逐年下降，成长期和扩张期的投资强度逐年提升，这对创业风险投资机构支持中小型企业创新创业不利。

上海经济发展的优势在于产业，通过构筑产业链来聚集智力资源，让产业链的运作通过企业、高校和科研机构密切互动合作来实现。特别是张江高科技园区，近年来通过引进中芯国际、宏力半导体两大集成电路制造企业，形成了从芯片设计到配套服务完整的60多家企业的产业链，并带来了一流的技术团队。此外，聚集了高级专业人才的医药产业链也正在逐步形成。

上海市张江高科技园区成立于1992年7月，位于浦东新区中部，分为技术创新区、高科技产业区、科研教育区、生活区等功能小区。2011年11月上海市政府正式批复，科技园总面积为75.9平方公里，包含张江高科技园区、康桥工业区、上海国际医学园区等，同意扩大张江高新区核心园。2011年张江高新区核心园经济总量占上海市GDP总量的4.2%，同比增长

21%，全年完成经营总收入3700亿元，为拉动上海经济增长贡献0.7个百分点。①

张江科技园已经形成了成熟的基金模式，包括战略性的风险投资模式，指基金参与高成长项目并专门选择在高科技企业IPO之前1~2年的高成长期介入，并且将长期持有所投企业的股票，因此不完全契合风险投资的主题，带有战略投资元素。科技园的发展经历了以产业集群和科技创新为实质的阶段，创新集群模式具有六大特征：政府严格规划和大力支持、实行与市场运作相结合的管理体制、龙头企业高端切入、大力引进各级科研机构、与区域经济联动发展和产业融合实现的同时进一步推进研发合作。除此之外，采用美国硅谷的产学研结合模式，即"用绿卡和入籍留住人才，用风险资本掌握高科技企业的控股权，用期权激励稳定技术骨干"。②

科技园的风险投资发展模式是将风险投资和孵化器模式相结合，设立资本孵化器，园区除了专业化创新服务生产商外，利用投资嵌入企业发展链条，真正参与并指导创业团队。在投资产业上，聚焦智力型的服务业，包括电信增值服务、金融信息服务以及物流管理服务；高端制造业，包括芯片设置、汽车电子、销售类电子产品等；清洁技术产业，包括节能减排、新能源新材料等行业。

政府的引导基金带动社会资本投入，面向早期创新项目，对拥有前瞻性技术成果、市场前景看好的中小企业实施个性化、专业化培育，以20亿元引导资金吸引形成200亿元投资规模。强化国际化程度，捆绑政府种子基金与境外风险投资，起到投资放大的效果。项目源针对海外华人科技团队，进行引导投资，依靠与海外投资银行和跨国公司的紧密联系，吸引境外投资者的配投。除此之外，上市公司、集团公司和社会资金三方共同出资10亿元的张江汉世纪基金，专门用来帮助一些资金发生困难的高成长项目渡过"死亡谷"，继而扶持其上市，基金由此获得高额回报。

科技园制定了专门的创业投资政策，设立创业投资专项资金理事会。设立种子基金，用于园区初创期项目投资，对单个项目的投资额一般在

---

①② 沈开艳、徐美芳：《上海张江高科技园区创新集群模式的特征及主要政策》，载于《社会科学》2009年第9期。

200万~500万元，最高不超过1000万元，并进行项目跟踪管理，提供发展战略、市场客户、政策咨询等方面的增值服务。设立引导资金，用于引导和集聚国内外创业资本投资园区项目，并制定一系列配套考核与奖励政策作为激励机制。

在园区风投项目退出方面，近半数风投项目通过股权转让方式退出，IPO上市被公认为最理想的退出方式。统计数据显示，园区风投机构历年累计退出项目（包括部分退出的项目）77个，占项目投资总数的22.6%。其中，通过股权转让方式退出的项目共有37个，占退出项目总数的48%，而通过清算和IPO上市退出的项目均为20个，各占26%。[①]

张江科技园以种子基金与初创企业扶持为特色，华南风投创投中心在建设过程中可以借鉴的经验有：设立资本孵化器，将风险投资和孵化器模式相结合；将政府种子基金与境外风险投资结合，放大投资效果，体现国际风投创投中心的国际化。

而政府基金规模应通过各种资金注入渠道不断扩大，以满足企业技术创新和高新技术产业发展的资本需求；政府资金合理引导基金去向，扩大单只基金规模，提倡战略投资模式，长期参与创业企业的项目经营和公司的长期发展。这便需要引导建设专业化的投资群体，完善风投创投体系。

此外，华南风投创投中心应制定专门的创业投资政策，从创业团队指导、企业发展链条、创业项目跟踪管理、股权退出等全链条、全方位出发，为创投公司提供实质性的帮助。在创投资金方面，鼓励长期、合规、具备风险承受能力的资金进入创投领域；构建合理的风投创投产品组合，提升资金的抗风险能力；资金使用上引导向创业企业起步成长的前端延伸，将投资和管理并重，服务“双创”发展。

四、北京中关村

中关村地区是我国高科技企业的发源地，从20世纪80年代初期创建

① 沈开艳、徐美芳：《上海张江高科技园区创新集群模式的特征及主要政策》，载于《社会科学》2009年第9期。

高技术产业时就开始了风险资本在我国的最初尝试和探索。1998 年 10 月，中关村创业投资发展中心成立，后改组为北京中关村创业投资发展有限公司。2009 年开展科技金融试点，给予每家创投企业最高 300 万元的补贴。“十一五”以来，中关村地区发生的投资案例和投资金额均占全国的 1/3 左右，形成了以创业投资（包括天使投资）境内外上市、代办股份转让、并购重组、技术产权交易、担保贷款、信用贷款、企业债券等为渠道的科技金融体系，其合作创投机构有联想投资、德同资本、启迪创投、北极光创投、青云创投等。2011 年，中关村发生的创业投资案例 544 起，披露的投资金额 355 亿元，占北京市股权投资总金额 93.5%，占全国的 36.4%，投资金额比 2010 年增长了 70%。①

中关村的发展主要得益于政府对创业投资的驱动力。通过政府母基金投资和联合投资等方式与境内外优秀创业投资机构开展合作，引导社会资金投向中关村，支持企业做强做大。

目前，中关村集聚优质创业投资机构，超过 100 家的创投机构管理着 200 多亿美元的资金规模。通过创业投资壮大科技型企业发展，在成为国家自主创新示范区后，上市公司总数达 209 家，而近几年新增的上市公司中，75% 以上均获得过创业投资的支持。除此之外，创业投资热点领域契合园区产业发展方向，形成了创业企业、园区发展和创业投资三合一的增长局面，2010 年电子商务创投金额占比 36.2%，此外网络产业、医疗健康、数字娱乐和战略性新兴产业等产业盛行。同时，新兴创业投资服务模式涌现：“车库咖啡”“创新工场”“联想之星”“摇篮计划”“雏鹰 500 创业助推计划”等多种创业服务模式助力创业投资发展。这意味着中关村与创业投资之间已经形成了良性互动关系，中关村的快速发展和在国家高新区中的“标杆”地位，吸引了众多创投机构的青睐；反之，创业投资的发展，又进一步提升了中关村的集聚效应和品牌效应，为园区发展注入了新的活力。②

北京中关村地区的风投创投主要投向网络产业、数字娱乐等战略性新兴产业。因此华南风投创投中心应学习经验，把握重点产业，厘清广东打

---

①② 邓飞：《中关村创业投资发展特点、问题及对策研究》，载于《经济师》2012 年第 12 期。

造金融强省的产业优势和金融特色，如高新技术产业、微电子等，在此基础上培育优质项目源，梳理优秀待投资项目，并通过展示平台扩大创投项目的影响力，吸引投资方。

此外，中关村地区的发展主要得益于政府对创业投资的驱动力，包括母基金投资、联合投资等形式。华南国际风投创投中心也应按照“政府引导、市场化运作”的原则，集聚相关要素，在广东省已经建立起来的科技创新基金、创业投资引导基金的基础之上，加强引导和聚集放大作用，形成资金池的集群优势作用。

五、苏州创投中心

苏州创投中心主要走人才培养路线，将创业投资与人才计划紧密结合，提供一站式服务，集聚国内外各大创投基金和各种要素入园，营造更好的创业氛围，打造中国的“东方硅谷”。

创投中心又称东沙湖股权投资中心，于 2011 年 7 月设立，截至 2016 年底，累计入驻股权投资管理团队 72 家，吸引包括北极光创投、软银中国、纪源资本和金沙江创投等 115 只基金入驻，入驻担保、贷款、融资租赁债权机构 7 家，集聚资金规模超过 130 亿美元。累计为 1052 家企业提供股权投资，帮助超过 4123 家企业提供债权资金自持，在已经获得投资的企业中，共有 49 家公司成功上市或过会。其中，有 78 人入选国家“千人计划”创业人才，5 人入选“千人计划”创投人才。同时入驻机构的投资领域覆盖包括 TMT、生命健康、高端装备制造、通讯半导体、移动互联网、新能源、新材料、文化传媒、消费服务等多个优势行业。①

苏州创投中心的“千人计划”是指中国围绕国家重点战略目标，从 2008 年开始，用 5 ~ 10 年时间，引进并有计划地支持 2000 名左右海外高层次人才赴华创业。除此之外，“千人计划”具有完备的配套服务和活动，包括创业大赛、创投中心、创投基金和创投中心服务平台。其中，第五届“千人计划”创业大赛于 2016 年开办，共吸引 3000 多个项目报名参赛，

① 根据苏州市地方金融监督管理局公开数据整理。

吸引100家国内知名投资机构观摩，融资总额达到22亿元。①

“千人计划”创投中心即苏州东沙湖股权投资中心是一个由苏州元禾控股打造的精品创业社区，汇聚股权投资产业的相关要素，促进资本、技术、人才、市场、产业的对接与融合，为创业者提供创业加速。创投中心具有多项优势，包括资金汇聚、政策支持、专业服务、综合配套、生态办公等。中心搭建了基金服务、投融资服务和企业发展三大平台，通过举办“聚在沙湖”“融在沙湖”“成在沙湖”“学在沙湖”“GP百人会”等系列品牌活动，带动市场创业活力，引导风投创投资金投入。

“千人计划”创投基金则是以中央财政引导，地方财政配套，广泛吸收社会资金参与的专项资金，已形成规模优势，重点支持初创期的企业，大力支持海外人才回国创业。目前已经设立了江苏太仓和硅谷海外联络处两个工作站。

“千人计划”创投中心服务平台提供四位一体的服务体系以及三大类型的服务内容，其中四位一体的服务体系包括：一是沙湖金融创业服务，专注于为企业投融资为核心的创新综合服务。依托东沙湖股权投资中心，为企业提供融资方案设计、投融资精准对接、产业渠道拓展、资本市场挂牌、创业辅导培训等服务。二是打造“互联网+股权投资平台”，为创业者打造融资需求发布和展示平台。依托丰富的投资机构资源，将不透明的私募股权投资业务通过互联网改造成相对透明的体系，将专业投融资和企业对接，降低企业的融资成本，提升融资效率。三是区域性股权交易市场“苏州股权交易中心”，为未上市的科技型、创新型中小微企业提供股权登记托管挂牌、定向增资、基金份额转让、私募债券备案等金融服务。四是苏州金融资产交易中心，用于盘活存量资产、服务实体经济、助力地方经济转型升级，为合格的机构及个人提供安全、高校、专业的金融资产交易服务。

三大类型的服务内容包括企业融资服务、产业资源优势和品牌宣传服务。其中，企业融资是指中心利用汇聚在此的国内外数百家优秀股权投资机构、债权融资机构和中介服务机构，为来自各个不同行业、不同阶段的

① 根据苏州市地方金融监督管理局公开数据整理。

企业提供一站式综合融资解决方案。产业资源优势是指，依托雄厚的平台资源，与国内信息技术、生命健康等新兴产业巨头建立了长期稳定的合作关系，帮助企业及时获得产业信息，对接产业资源。而品牌宣传服务方面，东沙湖股权投资中心配备了专业的自媒体运营团队，利用中心完善的线上线下联动体系，利用网站和微信自媒体等媒体工具，为入驻团队提供高效便捷的品牌推广服务，进一步扩大其市场影响力。

苏州创投中心以人才培养“千人计划”为主题，配套有“千人计划”创投中心、“千人计划”创投基金、“千人计划”创投中心服务平台，为海内外人才提供基金服务、投融资服务、企业发展等精确服务。华南风投创投中心主要可以吸取人才培养经验，通过设立综合性的创业就业服务机构、高层次人才服务中心和服务窗口，提供人才计划配套设施，加强对海外人才引进、本地高校和科研院所高层次人才入园的支持力度，强化面向创业人才的服务。此外，通过举办配套的各种活动，如创业项目竞赛，创业管家、专家交流论坛等形式带动创业活力，降低长期风投创投基金的风险。

在项目推广方面，苏州创投中心拥有自媒体团队进行项目和创业公司推介、线上推广。因此，华南风创投可以成立媒体运营平台，加强风投创投基金本身以及投资企业的品牌宣传，进行市场推广，以做大做强。

除了人才培养和项目推广之外，苏州创投引入各类合作单位，做到实体和配套的高度统一。因此华南风投创投中心也可引入科研机构、数据平台、众筹平台、证券公司、股权交易中心和投融资公司等实体单位，同时做大线上网络投融资项目平台，增强精确服务和全程服务。

六、南京“双创计划”江宁创投中心

江宁创投中心于2012年1月7日建成，由江苏省人才工作领导小组办公室与江苏高科技投资集团联合设立。中心将科技与金融结合，大幅度增加政府投入，大范围调动社会资本，加快建立多元化、多层次的创业创新投融资支持体系，为推动创新型经济和服务经济发展提供强有力保障。

创投中心成立的同时，南京宁港融通科技小贷公司揭牌，由江宁区政府与省高投集团签订战略合作协议，南京江宁科创集团分别与江苏高投、深圳融创（高新投）、江苏苏豪、江南资本签订基金合作协议，并通过参股投资、跟进投资、风险补助等方式，对引进人才创领办的企业予以资金支持。

创投中心的发展需要政府的大力支持。2010 年，江苏省设立 10 亿元新兴产业创业投资引导资金，共吸引社会科技投入达 150 多亿元；发放科技成果转化风险补偿贷款近 12 亿元，并提供科技贷款担保和科技创业奖励，助推中心形成资金和创新的正向循环。

与苏州创投中心相似，南京“双创计划”创投中心的发展核心也是人才计划的实施。这是因为人才计划的有效推进能促进国内外高层次人才在江宁创新创业，加快构建江宁科技金融现代服务体系。江苏省已经形成了省、市、县三级人才培养服务计划的完整系统，在省级层面，“双创计划”“创新团队计划”“企业博士集聚计划”“科技企业家培育工程”“333 高层次人才培养工程”等人才政策，为高层次创新创业人才提供了资金支持、项目资助、个人发展等多方面的保障；在南京市级层面，制定出台的“科技九条”，在科教人才管理、科技创新保护和科技创业鼓励扶持等多方面有较大突破。除了人才计划之外，建设全方位、专业化、一站式的高层次人才服务体系，建立服务机构，为创新创业人才提供注册登记、高新认定、专利信息、融资贷款等“一条龙”服务。实施“创业导师 + 创业管家”计划，为 100 家企业配备专职创业管家。同时还建设了集创业交流培训、创投商务活动等于一体的中国（汤山）“千人计划”专家交流活动中心，打造集聚海外人才的国际化平台。

南京江宁创投中心的特色是政府政策的完备和高端人才计划，风投创投中心的顶层设计较为完备，在人才培养中着重于企业博士、科技企业家等高层次人才。因此华南风投创投中心应该完善相关法律法规、财政税收鼓励制度、提供科技成果转化风险补偿贷款、进行科技奖励等，从政策层面增强创投企业的支持力度。

在高端人才培养和引入方面，建设上下贯通、多位一体的人才培养和集聚工程，然后通过各大高等学校、科研院所、群团组织、创业投资企业、创业投资管理企业、天使投资人等多种渠道加强创业投资专业人才培养，吸引更多人才从事风投创投产业；除了开源风投创投行业人才之外，也要注重风投创投行业的从业人员素质，加强对服务人员的培训，强化其基金管理能力，提供高质量的配套服务，包括与风险投资与创业投资相关的会计、征信、信息、托管、法律、咨询、教育培训等各类中介服务等，跟上金融服务水平。

通过以上六大中外案例分析，可以总结出风投创投中心的核心元素：政府政策、基金资金（包括引导基金和社会资金）、科研平台、人才培养和国际合作。其中，政府政策主要指完善法律法规及创业政策。基金资金指政府财政资金撬动社会资金投入，在此过程中，资金池的数量、配比以及单只基金的规模对于创业公司，尤其是最初期发展公司来说具有高度重要性。资金的投入则需要依靠风投创投中心的实体服务和相关线上配套服务的平台，这主要指风投创投中心的区域布局，以及孵化基地、产业园区等实质性服务。科研平台和人才培养为一体，既要建设科研平台，也要完善多层次的创业人才计划。国际合作主要指资金引进来、人才引进来和项目走出去，利用跨国企业孵化和国际风投创投人才资金要素流入，推动本地风投创投发展。

华南风投创投中心的建设离不开平台监管和上层规划，通过绩效评价制度等绩效管理体制的完善，推动不同部门各司其职，避免监管空白和多头监管，最大化服务质量。最终形成成熟的创新投融资体系，建设金融强省和国际金融中心。

第十七章

华南国际风投创投中心建设发展路径

一、华南国际风投创投中心发展路径

立足广东省风险投资和创业投资的发展现状，充分学习借鉴国内外风险投资工作的成功经验，进一步完善综合性的创业投资发展扶持政策，促进风险投资和私募股权投资机构集聚发展，深度打通资本与科技创新、人才培养、产业升级、国际合作间的通道，努力打造国际风投创投中心，加快建设金融强省和国家科技产业创新中心。

1. 加强顶层设计，完善相关法律法规

（1）完善风投创投基金的顶层设计，包括相关法律法规、财政税收鼓励制度、提供科技成果转化风险补偿贷款、进行科技奖励等。

（2）拓宽创业投资退出渠道，鼓励省内非上市股份公司到创业板上市、到新三板和区域股权交易中心登记托管，并完善转板对接机制，为创业投资企业投资退出创造条件，完善资金退出机制，规避资金链断裂风险，促进资金的可持续利用。

2. 发挥政府资金聚集作用，构建风投创投基金池

（1）按照"政府引导、市场化运作"原则，充分发挥广东省科技创新基金、创业投资引导基金等财政资金的引导和聚集放大作用，撬动民间投资等社会资本投入。

（2）集聚各类相关要素，以财政配套，以社会资金为主体，在加强规制

和门槛的基础之上，优化资金来源，建设立足中心的基金池——风投创投基金，加速资本、技术、人才、市场、产业的对接和流动，形成集群优势。

3. 拓宽资金规模和项目来源，合理引导基金去向

（1）把握重点产业。厘清广东打造金融强省的产业优势和金融特色，如高新技术产业、计算机软件通信、微电子等；培育优质项目源，梳理优秀待投资项目，建设项目展示平台。

（2）扩大基金总量规模，满足企业技术创新和高新技术产业发展的资本需求；扩大单只基金规模，引导建设专业化的投资群体，完善风投创投体系。

（3）鼓励长期、合规、具备风险承受能力的资金进入创投领域；构建合理的风投创投产品组合，提升资金的抗风险能力；资金使用上引导向创业企业起步成长的前端延伸，将投资和管理并重，服务“双创”发展。

4. 优化风投创投中心布局，搭建创投发展支撑平台

（1）优化风投创投中心布局。在广州、深圳、珠海、佛山等地规划建设股权投资基地和产业园，充分发挥广东金融高新区作用。

（2）引入合作单位。包括但不限于科研机构、数据平台、众筹平台、证券公司、股权交易中心和投融资公司，做到有实体、有配套（线上网络投融资项目平台），增强基金投前、投中、投后的管理服务。

（3）搭建“两中心、一平台”。整合现有科技产业发展和综合服务资源，建设或利用已有的成体量、高品质写字楼、众创空间作为创新创业空间，采用集中式、硅巷式、小镇式等适合模式，建设实体化的风投创投中心；建设科技创新中心、股权投资平台以及配套的各类产业园区、孵化基地等，并厘清三大中心的职能分配。

（4）完善专业化服务体系。进行多合一的“互联网＋产业”线下服务，进行窗口化、一对一的建设和孵化，加速服务速度、降低行政成本，如建立企业注册绿色通道，方便投资机构快速落户等。

5. 形成多层级人才培养工程，完善创业投资高层次人才扶持政策

（1）提升风投创投行业的从业人员素质。加强对服务人员的培训，强化

其基金管理能力，提供高质量的配套服务，包括与风险投资与创业投资相关的会计、征信、信息、托管、法律、咨询、教育培训等各类中介服务。

（2）开源风投创投行业人才。首先，从不同层级出发，包括省级、市级、县级、区级等，建设上下贯通、多位一体的人才培养工程；其次，通过各大高等学校、科研院所、群团组织、创业投资企业、创业投资管理企业、天使投资人等多种渠道加强创业投资专业人才培养，吸引更多人才从事风投创投产业。

（3）强化面向创业人才的服务。设立综合性的创业就业服务机构、高层次人才服务中心和服务窗口，提供人才计划配套设施，加强对海外人才引进、本地高校和科研院所高层次人才入园的支持力度。通过配套各种活动，如创业项目竞赛与创业管家、专家交流论坛等形式带动创业活力，降低长期风投创投基金的风险。

6. 打造国际金融的风投创投中心，促进配套建设

（1）鼓励境外专业机构到省内组建人民币创业投资基金，引进国际风险投资和创业投资机构，共同打造国际金融的风投创投中心。

（2）联合跨国企业建设孵化平台，设置和国际风投创投对接、与国际科技高端服务业相融合的示范服务机构，提升国际化程度。

（3）在海外设立联络处，服务于企业“走出去”和外资“引进来”，扩大业务范围，并积极营造有利于国际创业投资机构发展的营商环境。

7. 营造良好的知识产权保护在环境，做好品牌宣传

（1）提升知识产权在风投创投中的重要性，加强对创业创新早期知识产权保护并进行证券化创新，在市场竞争中培育更多自主品牌。健全知识产权侵权查处机制，依法惩治侵犯知识产权的违法犯罪行为。

（2）成立媒体运营平台，加强风投创投基金以及被投资企业的品牌宣传，进行市场推广，做大做强。

8. 加强监管和规划，总结建设经验

（1）建立并完善创业投资引导基金中政府出资的绩效评价制度，同时

建设风投创投中心、各平台运营的绩效管理体制。

（2）加强监管和规划，按照宽市场准入、重事中事后监管的原则，积极引导创业投资企业按要求登记备案，及时掌握创业投资企业投资运作情况。精简监管机构，厘清部门职责，减少多头交叉监管和监管空白的现象。

（3）不断完善基础设施和管理系统，逐渐形成具有广东特色的、多元化的、多层次的创新投融资支持成熟体系，为金融服务于创新、服务于实体经济、服务于对外开放助力。

二、华南国际风投创投中心发展路线图

根据以上发展路径，形成华南风投创投中心的发展路线图，用于指导未来发展方向、工作中心、确认各阶段发展目标。

1. 短期（1~3 年）：形成完善的风投创投发展支撑体系

强化风投创投中心政策支持，完善相关配套政策，促进产业集群和风投创投中心落地。

政府主导种子基金和引导基金，通过母基金和联合投资等方式与境内外优秀创投机构开展合作，引导社会资金投向广州。

加速人才扶持与培养工作，形成多层级的人才培养工程，打好智力基础。

完成两大中心、一个平台的建设——创投中心建设、科技创新中心、股权投资平台，提供完善的配套服务。

2. 中期（3~5 年）：基本建成国际风投创投中心

营造国际化的营商环境，联合跨国企业建设孵化平台，打造国际金融的风投创投中心。

基本建成国际风投创投中心，创业投资基金规模达到 5000 亿元以上，年投资规模达到 1000 亿元。

3. 长期（5~10 年）：建成成熟的国际风投创投中心

完善风投创投中心的绩效评价制度，总结经验优化发展。

形成具有广东特色的、多元化的、多层次的创新投融资支持成熟体系，为金融服务于创新、服务于实体经济、服务于对外开放助力，形成可借鉴、可复制、可推广的成功经验。

参 考 文 献

1. 蔡真：《国际金融中心评价方法论研究：以 IFCD 和 GFCI 指数为例》，载于《金融评论》2015 年第 5 期。

2. 长安剑：《粤港澳大湾区发展观察》，载于《信息系统工程》2017 年第 5 期。

3. 陈登、周志刚、王曼纳：《基于 CDI 中国金融中心指数的武汉区域金融中心研究》，载于《武汉商学院学报》2017 年第 2 期。

4. 陈家强：《香港金融业应发挥“一国两制”独特优势》，东方网，http://news. eastday. com/c/20100718/u1a5338088. html。

5. 陈伟晓：《美国科技型金融中心发展历程对广州区域金融中心建设的启示》，载于《科技创业月刊》2015 年第 11 期。

6. 邓飞：《中关村创业投资发展特点、问题及对策研究》，载于《经济师》2012 年第 12 期。

7. 董斐：《自贸区视角下融资租赁的国际化发展研究》，载于《天津科技》2015 年第 10 期。

8. 冯邦彦：《香港作为全球性金融中心的比较优势与差距》，载于《南方金融》2011 年第 5 期。

9. 冯国强、曹耘心：《广州国际金融中心的构建模式、功能定位与战略思考》，载于《发展研究》2012 年第 6 期。

10. 付宇涵：《我国金融业的劳动力统计分析——基于劳动人数与劳动报酬统计》，载于《现代商业》2010 年第 7 期。

11. 甘琪：《中小企业民间融资存在的问题及其法律规制——以“珠三角”为例》，载于《湖南人文科技学院学报》2011 年第 1 期。

12. 高洁：《深圳金融业发展问题研究》，载于《现代商业》2017 年第 14 期。

13. 龚少情：《党员权利与公民权利的差异辨析》，载于《党政论坛》2011 年第 11 期。

14. 郭树清：《我国资本市场的成就、问题和前景》，中国网，http://finance. china. com. cn/stock/zqyw/20121023/1085670. shtml。

15. 胡滨、郑联盛：《股权众筹促进“双创”的规范化发展路线——以欧洲经验为借鉴》，载于《国家行政学院学报》2016 年第 4 期。

16. 胡春华：《粤港澳大湾区以打造世界级经济区为目标》，搜狐网，http：//www. sohu. com/a/153640930_123753。

17. 黄新飞、舒元：《对外开放与广东经济增长：一个产业发展的视角——基于改革开放三十年的经验分析》，区域经济合作与区域经济发展理论研讨会，2008 年。

18. 蒋瑞波：《中国区域金融创新研究：效率差异、环境影响与空间效应》，浙江大学博士论文，2014 年。

19. 景楠：《西安建设国际金融中心城市的实证研究》，载于《价值工程》2015 年第 10 期。

20. 李玲：《碳金融专业（方向）人才需求分析》，载于《科学大众》（科学教育）2017 年第 1 期。

21. 李思敏：《自贸试验区：基本原理、中国实践与金融创新》，载于《南方金融》2016 年第 6 期。

22. 廖望：《天津制定金融改革创新的政策意见》，载于《政策瞭望》2016 年第 1 期。

23. 刘东阳：《构建国际金融中心的路径的思路探索》，载于《商》2016 年第 20 期。

24. 刘刚：《上海国际金融中心建设的进程判断——基于与主要国际金融中心的比较分析》，载于《经济问题探索》2007 年第 5 期。

25. 刘萌：《上海市建设国际金融中心问题研究》，载于《经济研究导刊》2016 年第 17 期。

26. 刘铁：《国际金融中心衡量指标体系的构建及实证分析》，载于《经济研究导刊》2010 年第 26 期。

27. 马红：《我国四大自贸区金融领域改革措施及对新疆的启示》，载于《中国经贸》2016 年第 14 期。

28. 麦婉华：《世界首个“跨境”大湾区横空出世》，载于《小康》2017 年第 6 期。

29. 沈开艳、徐美芳：《上海张江高科技园区创新集群模式的特征及主要政策》，载于《社会科学》2009 年第 9 期。

30. 史亭亭：《商业银行开展跨境人民币融资业务策略分析——以招商银行为例》，暨南大学硕士论文，2016 年。

31. 唐天均、谢林伸、彭溢等：《东京湾水环境治理对深圳的启示》，载于《环境科学与管理》2014年第12期。

32. 王强：《试析创新科技与金融完美结合》，载于《现代经济信息》2011年第20期。

33. 王宇：《发挥市场在金融资源配置中的决定性作用》，载于《西部金融》2017年第6期。

34. 危勇、麦伟豪：《广州区域金融中心带动能力问题研究》，载于《广东经济》2016年第5期。

35. 翁媛媛、饶文军：《生物技术产业集群发展机理研究——以美国波士顿地区为例》，载于《科技进步与对策》2010年第6期。

36. 吴丽琴、刘学敏：《珠三角地区民间融资现状及对策研究》，载于《现代营销》（下旬刊）2016年第7期。

37. 吴娜：《广州绿色金融发展现状及路径优化研究》，载于《经贸实践》2017年第14期。

38. 吴清：《纽约“硅巷”模式，虹口如何学》，爱微帮，http：//www. aiweibang. com/yuedu/32866371. html。

39. 吴卫星：《经济“新常态”下的金融改革将从何处着手》，新华网，http：//www. xinhuanet. com/fortune/2015－01/10/c_127375163. htm。

40. 谢渡扬委员等：《促进风投创投基金行业发展》，中国政府网，http：//www. gov. cn/xinwen/2016－03/15/content_5053463. htm。

41. 谢平：《防范互联网金融风险重在制度建设》，http：//mt. sohu. com/20160516/n449701549. shtml，2016年5月16日。

42. 邢红宇、魏占兴、周飞飞：《网络课程评价指标体系的建构》，全国高等学校教育技术协作委员会年会暨学术交流会，2005年。

43. 叶亚飞、李一石：《“十三五”上海自贸实验区服务国际金融中心建设路径分析》，载于《上海经济》2017年第4期。

44. 张宝刚：《基于物元分析法的连云港港进港航道通航环境风险评价研究》，武汉理工大学硕士论文，2010年。

45. 张鸿义：《深圳金融中心建设的总结、评价与展望》，载于《开放导报》2015年第2期。

46. 张小波：《金融开放的风险及其经济增长效应研究》，重庆大学博士论文，2011年。

47. 张馨水：《北京 CBD 高端培训投资研究》，首都经济贸易大学硕士论文，2012年。

48. 张兴军、张佳：《广东：中国互金发展的先行高地》，载于《中国经济信息》2016 年第 5 期。

49. 赵细康：《新常态下的广东发展新方略》，http：//www. gdass. gov. cn/Message-Info_3449. shtml。

50. 郑征、余珊萍：《江苏建设金融强省的评价体系构建与战略选择》，载于《区域经济》2013 年第 6 期。

51. 祝伟展：《科技型中小企业融资模式优选研究》，河北工业大学硕士论文，2014 年。

图书在版编目（CIP）数据

广东省深化金融改革的战略布局研究 / 厉以宁等著 .
—北京：经济科学出版社，2019. 8
ISBN 978 - 7 - 5218 - 0851 - 3

Ⅰ. ①广… Ⅱ. ①厉… Ⅲ. ①金融体制 - 经济体制改革 - 研究 - 广东 Ⅳ. ①F832. 765

中国版本图书馆 CIP 数据核字（2019）第 195598 号

责任编辑：赵 蕾
责任校对：蒋子明
技术编辑：李 鹏

广东省深化金融改革的战略布局研究
厉以宁 梁建国 傅帅雄 黄顺魁 / 著
经济科学出版社出版、发行 新华书店经销
社址：北京市海淀区阜成路甲 28 号 邮编：100142
总编部电话：010 - 88191217 发行部电话：010 - 88191540
网址：www. esp. com. cn
电子邮箱：esp@ esp. com. cn
天猫网店：经济科学出版社旗舰店
网址：http://jjkxcbs. tmall. com
北京季蜂印刷有限公司印装
710 × 1000 16 开 12. 75 印张 200000 字
2019 年 12 月第 1 版 2019 年 12 月第 1 次印刷
ISBN 978 - 7 - 5218 - 0851 - 3 定价：45. 00 元
（图书出现印装问题，本社负责调换。电话：010 - 88191510）